LE TINTORET

UN REBELLE À VENISE

PAQUET

CRÉDITS

ALBERTO BONANNI
SCÉNARIO

GIANMARCO VERONESI
DESSIN DES CHAPITRES 1 À 4

MATTEO BELLISARIO
DESSIN DU PROLOGUE ET DE L'ÉPILOGUE

LORENZO FORNACIARI
FRANCESCO SEGALA
ALBERTO BUGIÙ
COULEURS

SILVIA COLOMBO
NOTES HISTORIQUES

ALBERTO BONANNI
DESIGN

NICOLETTA MIGALDI
FEDERICA CROCI
EMILIO LECCE
FONDS

PROLOGUE: 1531

QUAND TOUT A COMMENCÉ

JACOPO COMIN A 12 ANS. SON PÈRE, BATTISTA, EST TEINTURIER ET POSSÈDE SON PROPRE ATELIER.

C'EST ICI QUE NOUS RENCONTRONS, POUR LA PREMIÈRE FOIS, LE FUTUR TINTORET…

…AVEC LES MAINS DÉJÀ PLEINES DES COULEURS DE L'ATELIER!

VENISE, CAMPO SAN PAOLO, JUILLET 1531.
TANNERIE DE BATTISTA COMIN, DIT *ROBUSTI*.

WOW !
JACOPO, FAIS ATTENTION AVEC LES COULEURS!
TOUJOURS À TRAÎNER DANS MES PATTES, JACOMINO!
DÉPÊCHE-TOI UN PEU AVEC CES ROULEAUX DE SOIE, LE SIEUR BATTISTA NE VA PAS TARDER À RENTRER!

TON PÈRE ARRIVE !
TOI, PETIT VAURIEN, TU VAS T'EN PRENDRE UNE !
VOILÀ OÙ SE TROUVAIT LE ROUGE CARMIN QUE TON PÈRE A FAIT VENIR DE SICILE POUR LA FÊTE DE SAINT ROCH !
VITE ! RANGE TOUT ÇA... JE VAIS T'AIDER !
AH, TU ES LÀ, JACOPO ?! TA MÈRE SE FAISAIT DU SOUCI...
ET ÇA, QU'EST-CE QUE C'EST ?
...VOUS AVEZ VU COMME VOTRE FISTON A DU TALENT ?
CE QUI FAUDRAIT, C'EST L'ENVOYER CHEZ UN MAÎTRE. IL A LE BON ÂGE...
DANS UN ATELIER, TU DIS ? ET POURQUOI PAS ?

ATELIER DE TIZIANO VECELLIO, DIT LE TITIEN.
LE VOILÀ DONC, LE PETIT GÉNIE! ENTREZ, JE VOUS PRIE...
JE M'APPELLE GIROLAMO. JE SUIS LE PREMIER ASSISTANT DU MAÎTRE...
JE VOUS CONFIE MON FILS...
À BIENTÔT, JACOPO!
PAPA...
TU TRAVAILLERAS ICI, AVEC LES AUTRES ASSISTANTS DU MAÎTRE...
TU VERRAS, TU T'Y SENTIRAS BIEN...
"LE TITIEN N'A JAMAIS MANGÉ PERSONNE!"

JACOPO!
C'EST BIEN BEAU D'OBSERVER, MAIS PAS AVANT D'AVOIR REMPLI SES TÂCHES… AS-TU NETTOYÉ LES PALETTES?
OUI, GIROLAMO!
BRAVO, MON PETIT! CONTINUE TON TABLEAU SI TU VEUX, EN ATTENDANT QUE TON PÈRE VIENNE TE CHERCHER!

MM...
AINSI, C'EST ÇA QUE LE PETIT A FAIT, CETTE SEMAINE...
TOUT CE TEMPS PASSÉ SANS AIDER LES COLLÈGUES... TU N'ES PAS FAIT POUR TRAVAILLER EN ATELIER!
MAÎTRE, JE VOUS ASSURE QUE L'ENFANT A ACCOMPLI SCRUPULEUSEMENT LES TÂCHES QUE JE LUI AI CONFIÉES...
ÇA SUFFIT!
J'AI DÉCIDÉ... IL EST EXPULSÉ!
TU SAIS QUOI FAIRE, GIROLAMO...
QU'EST-CE QUE J'AI FAIT DE MAL?
RIEN, JACOPO... TU N'AS RIEN FAIT DE MAL...
JE SUIS DÉSOLÉ, JACOPO! JE N'ARRIVE PAS À M'EXPLIQUER LE COMPORTEMENT DU MAÎTRE... JE NE L'AVAIS JAMAIS VU AUSSI CRUEL!
JE PARLERAI À TON PÈRE... N'ARRÊTE SURTOUT PAS DE PEINDRE! ET UN JOUR, TU VERRAS, TU AURAS TON ATELIER!

VENISE, 16 AOÛT,
FÊTE DE SAINT ROCH.
ENFIN QUOI, FISTON, SOURIS! C'EST UN JOUR DE FÊTE!
"ADMIRE LE SAINT! IL NOUS PROTÈGE DE LA PESTE..."
JUSTE UN PETIT SOURIRE, ET JE TE FAIS UN CADEAU...
REGARDE...
LA STATUETTE DE SAINT ROCH!
AVEC TOUS LES DÉTAILS!
QU'EST-CE QUE TU VEUX QUE J'EN FASSE?

QUEL EST LE
VAURIEN QUI... ?!

CHAPITRE 1 : 1541-1542

LES MÉTAMORPHOSES DU JEUNE COMIN

JACOPO COMIN A 22 ANS ET TRAVAILLE DANS UN ATELIER LOUÉ EN PLEIN CAMPO SAN CASSIAN.

IL MESURE UN MÈTRE CINQUANTE, PLUS OU MOINS, EST VIVACE COMME UN GRAIN DE POIVRE, ET PEINT N'IMPORTE QUOI, POURVU QU'IL AIT DU TRAVAIL...

QUELQU'UN LE SURVEILLE...

VENISE,
CAMPO SAN CASSIAN, 1541.

"L'ATELIER DE MON PÈRE AVAIT TOUT DU ROYAUME FÉERIQUE. LES ÉTOFFES CHANGEANT DE COULEURS, AUX ODEURS ÉTRANGES, À LA BRUME HUMIDE. TOUT BRILLAIT TELLEMENT QUE J'EN AVAIS LA TÊTE QUI TOURNAIT..."
"JE ME SOUVIENS QUE MON PÈRE MONTRAIT FIÈREMENT CES POUDRES QU'IL SE PROCURAIT DIEU SAIT OÙ. EN ITALIE ET EN ORIENT."
"IL S'EST TOUJOURS CONSACRÉ AUX COULEURS. PASSIONNÉ ET MODESTE..."
"JE ME DEMANDE PARFOIS CE QUE J'AI HÉRITÉ DE LUI. MES TEINTES PRÉFÈRENT L'OMBRE À LA LUMIÈRE... MAIS LE FEU DE LA PASSION BRÛLE EN MOI, COMME IL BRÛLAIT EN LUI..."
"ET EN CE QUI CONCERNE LA MODESTIE..."

RIEN À DIRE, JE SUIS BEAU!
MISTRO JACOMO DIPINTOR
"...ELLE PEUT TRÈS BIEN ATTENDRE!"
OÙ VAS-TU COMME ÇA, MON PETIT JACOPO?
LA FILLE DU TONNELIER! QUE PEUT-ELLE BIEN FAIRE ICI, À CETTE HEURE? COMME PAR HASARD, JUSTE AU MOMENT OÙ JE SORS!
QUELLE CHANCE DE TE VOIR!
JE VAIS À SAN POLO, ASSISTER À LA COURSE DE TAUREAUX...
AH OUI?
...ON DIT QU'IL Y A EN LICE UN TAUREAU DE PANNONIE QUI PÈSE PLUS DE DEUX MILLE LIVRES!
BON AMUSEMENT, ALORS!
COMMENT? TU NE M'ACCOMPAGNES PAS?!

AH NON, JE N'AI PAS DE TEMPS À PERDRE AVEC CES HORREURS!
UMPF!
!
C'EST ÇA! VA VOIR LES FILLES!
IL BOUGE ENFIN... JE COMMENÇAIS À PRENDRE RACINE...
ARF! ARF! C'EST LE DEUXIÈME QUE JE DOIS SUIVRE AUJOURD'HUI...
SI JE LE PERDS DE VUE, JE NE SUIS PAS PRÊT DE LE REVOIR!
ARF! ARF! TOUTE CETTE FATIGUE... J'AURAIS PRÉFÉRÉ LA DÉPENSER DANS UNE ORGIE!
ARF! ARF!

SCUOLA GRANDE DE SANTA MARIA DELLA CARITÀ.
LE TITIEN, PRÉSENTATION DE MARIE AU TEMPLE.
PFFF... IL NE PENSE QU'À ÉTUDIER !...
QUELLE COMPOSITION MAGNIFIQUE ! MALGRÉ CES COULEURS TROP LUMINEUSES...

IL FAIT DÉJÀ PRESQUE NUIT ! J'AI INTÉRÊT À ME DÉPÊCHER SI JE NE VEUX PAS ARRIVER EN RETARD !
OH, SAINTE VIERGE ! LE VOILÀ QUI COURT ENCORE... JE VAIS Y LAISSER MA PEAU !
COUR DES RENCONTRES SECRÈTES
C'EST BIEN ICI... MAIS IL N'EST PAS ENCORE ARRIVÉ !
JE DÉTESTE ATTENDRE !
LE SOIR, EN PLUS !
LE VOILÀ ! JE L'AI RETROUVÉ !
ZZZ !
MMMH... ON APPROCHE !
EST-CE LUI ?
C'EST VOUS LE PEINTRE ? VOILÀ LE PLI !
QUE CE SOIT CLAIR... NOUS NE NOUS SOMMES JAMAIS RENCONTRÉS !
ENFIN !

BUONARROTI, C'EST INCROYABLE !
"L'AN DERNIER, J'AI CONNU À VENISE UN ÉLÈVE DU MAÎTRE MICHEL-ANGE... NOUS SOMMES DEVENUS AMIS, ET C'EST GRÂCE À SON AIDE QUE J'AI REÇU CES PRÉCIEUX DESSINS !"
"TOUTES CES MANIÈRES PEUVENT SEMBLER EXAGÉRÉES, MAIS VENISE, VANITEUSE ET SUPERBE, NE PARDONNERAIT PAS À SON FILS UNE PASSION TROP ROMAINE..."

UN DESSIN DE MICHEL-ANGE !... CE JEUNE HOMME A BON GOÛT !

J'EN AI VU ASSEZ... JE SAIS RECONNAÎTRE UN HOMME DE TALENT QUAND J'EN RENCONTRE UN...
ENFIN, J'AI FAIT CE QUE J'AVAIS À FAIRE... C'EST AU GRAND HOMME D'AGIR, MAINTENANT !
MIEUX VAUT LUI DIRE TOUT DE SUITE...
ET QUI SAIT, IL POURRAIT Y AVOIR QUELQUES MIETTES À RAMASSER !
SUSANNE, PRÉVIENS TON SEIGNEUR QUE L'ARÉTIN VEUT LUI PARLER !
ENTRE, ENTRE, VIL TOSCAN, ET NE T'EMBÊTE PAS AVEC LES BONNES MANIÈRES !
JE TE DÉRANGE. TU N'AS PAS FINI DE MANGER ? JE REPASSE DEMAIN SI TU PRÉFÈRES...
MAIS NON, MAIS NON, PRENDS PLACE !
SUSANNA, PORTE UNE CUISSE DE POULET À NOTRE BON AMI !
JE NE DIS PAS NON...

DIEU QUE J'AVAIS FAIM... POUR NE PAS LES PERDRE DE VUE, J'AI PASSÉ LA JOURNÉE SANS PRENDRE LE TEMPS DE MANGER...
TU AS BIEN FAIT... ET ALORS ?
LE PREMIER NE PEINDRA QUE DES ARMADAS POUR LE RESTANT DE SES JOURS... MAIS LE FILS DU TEINTURIER A DU TALENT. EFFRONTÉ, ÇA OUI, MAIS TERRIBLEMENT DOUÉ...
MMMH...
QUE PENSES-TU FAIRE ?
À TON AVIS, QUE DEVRAIS-JE FAIRE ?
MAIS DIS-MOI...
J'AI APPRIS QU'AU PROCHAIN MARDI GRAS, TU METS EN SCÈNE TA COMÉDIE... FÉLICITATIONS !
OH... CE N'EST PAS GRAND-CHOSE...
NON, NON...
ON RACONTE QUE C'EST VASARI QUI PEINT LES DÉCORS... ET QUE CERTAINES TOILES SONT MAGNIFIQUES...
"PEUT-ÊTRE DEVRAIS-JE Y FAIRE UN TOUR..."
BURP...

21 FÉVRIER 1542, MARDI GRAS.
ALORS QUE LE PEUPLE DE VENISE FÊTE LE MARDI GRAS DANS LES RUES ET DANS LES COURS, DANS LE SALON DES FESTIVITÉS DE PALAZZO GONELLA, À CANNAREGIO, *LA TALANTA*, LA COMÉDIE ÉCRITE PAR PIERRE L'ARÉTIN EST EN TRAIN DE SE JOUER.

AINSI DONC, À LA FIN, LA BELLE TALANTA ÉPOUSE...
JE L'AVAIS COMPRIS DÈS LA FIN DU PREMIER ACTE !
L'ARÉTIN, LA COMÉDIE A ÉTÉ UN SUCCÈS... VOUS AVEZ DÉSORMAIS TOUT VENISE À VOS PIEDS.
VETTORE !
FORMIDABLE !
SI DIEU VEUT QUE JE NE TRÉBUCHE PAS...
JE NE VOUS COMPRENDS PAS...
OH, N'Y FAITES PAS ATTENTION... LE GRAND HOMME ME HARCÈLE, ET JE N'EN PEUX PLUS.
LE TITIEN...
MIEUX VAUT NE PAS Y PENSER... VOTRE GRACIEUSE FIANCÉE M'A DIT QUE VOUS ÉTIEZ SUR LE POINT DE VOUS MARIER...

OH, PAS TOUT DE SUITE... LES TRAVAUX DE RESTRUCTURATION DE MA DEMEURE DE SAN PATERNIAN NE SONT PAS ENCORE FINIS...
VOULEZ-VOUS M'EXCUSER ?... DEPUIS QU'IL S'EST RETIRÉ DES AFFAIRES OFFICIELLES, MON PÈRE SE COUCHE TRÈS TÔT...
BONNE NUIT, MA CHÈRE...
LA FILLE DE MARIO FOSCARI... SANS AUCUN DOUTE, LA FILLE DE MARCO FOSCARI EST UN TRÈS BON PARTI. ET CECI MALGRÉ...
NE CROYEZ PAS QUE MARCO SOIT FINI... C'EST GRÂCE À LUI QUE VASARI A ACCEPTÉ DE PEINDRE CES TOILES MAGNIFIQUES !
À CE PROPOS...
CE QU'ON RACONTAIT N'ÉTAIT DONC PAS EXAGÉRÉ. MON CONCITOYEN A PEINT LÀ QUELQUE CHOSE D'EXTRAORDINAIRE...
SES ALLÉGORIES ONT ATTEINT LEURS CIBLES, C'EST VRAI... PLUS QUE JAMAIS, JE SUIS FIER D'ÊTRE VÉNITIEN !
"...MAIS QUE SE PASSE-T-IL ?"

"QUAND ON PARLE DU LOUP..."
L'ARÉTIN, LE TITIEN NE DAIGNE PAS NOUS ACCORDER UN REGARD! COMME SI NOUS ÉTIONS INVISIBLES...
DIABLE! C'EST UNE TELLE OBSESSION QU'IL VA ME RENDRE COUPABLE DU SUCCÈS DE VASARI...
ON PEUT DIRE QUE LE TITIEN SAIT SOIGNER SES ENTRÉES... MAIS PAS QU'IL SOIT TRÈS AMÈNE!
L'ARÉTIN, VOUS VOUS SENTEZ BIEN? VOUS AVEZ LE REGARD DE CELUI QUI VIENT DE VOIR UN FANTÔME!
JE... NON, NON... JE VAIS BIEN.
QUE DIRIEZ-VOUS DE FAIRE QUELQUES PAS?

OÙ AVEZ-VOUS TROUVÉ CES COSTUMES?
JE FAIS PARTIE D'UNE COMPAGNIE DE COMÉDIENS, OU NON?
À L'ABORDAGE!
ATTENTION! LE PIRATE ATTAQUE!
JE M'EN OCCUPE, MESSIRE!
?
ET HOP!
"LA RÉPUBLIQUE EST SAUVE!"
VOUS N'AVEZ PAS PEUR DE PERDRE VOTRE LIBERTÉ UNE FOIS MARIÉ? VENISE EST UNE VILLE IDÉALE POUR LES CÉLIBATAIRES!
JE SUIS UN HOMME TRANQUILLE ET QUELQUE PEU À L'ANCIENNE. QUAND J'AURAI TROUVÉ LE BON PEINTRE POUR LES DÉCORATIONS, PAOLINA ET MOI, NOUS NOUS MARIERONS.
DITES-MOI CE QUE VOUS AVEZ EN TÊTE. CELA M'INTÉRESSE!

VOUS AVEZ VU LA COMPOSITION AUDACIEUSE DES TOILES DE VASARI... C'EST CE QUE JE CHERCHE. PUISSANT, NOUVEAU... MAIS DOTÉ D'UNE FORCE GENTILLE, INFUSÉ DE SAGESSE...
AH, MICHEL-ANGE SERAIT PARFAIT !
JE NE PEUX MALHEUREUSEMENT PAS VOUS OFFRIR MICHEL-ANGE, MAIS JE CONNAIS QUELQU'UN QUI POURRAIT VOUS PLAIRE...
DITES-MOI SANS ATTENDRE !
QUE DIRIEZ-VOUS DE FAIRE QUELQUES PAS ?
LE TITIEN ME CHARGE DE TENIR À L'ŒIL LES JEUNES PEINTRES... LE VIEUX A PEUR QU'ON LUI VOLE LE TRAVAIL ET LA GLOIRE...
JE VOIS... CRONOS DÉVORANT SES ENFANTS !
EXACTEMENT ! IL CROIT ÊTRE LE DIEU DE LA PEINTURE !
HA ! HA !
EN GÉNÉRAL, CE NE SONT QUE DES PEINTRES SANS GRAND INTÉRÊT, MAIS CE GARÇON, BIEN QU'ENCORE TRÈS VERT, A QUELQUE CHOSE DE SPÉCIAL...
MISTRO JACOMO DIPINTOR
APPROCHEZ... MAIS NE VOUS FAITES PAS VOIR !
REGARDEZ !

"VOYEZ, PISANI... IL UTILISE DES MARIONNETTES POUR COMPOSER SES SCÈNES. IL ESSAIE ET ESSAIE ENCORE JUSQU'À CE QU'IL SOIT SATISFAIT!"
"ET VOUS, PISANI, AVEZ-VOUS PENSÉ AU SUJET POUR VOTRE PLAFOND?"
"UNE IDÉE... J'AI MIS LA MAIN SUR UN LIVRE D'HISTOIRES ANTIQUES. ON EN PARLE BEAUCOUP..."
"LES *MÉTAMORPHOSES* D'OVIDE, JE SUPPOSE..."
C'EST CELA! J'AI D'AILLEURS UNE COPIE AVEC MOI!
!
VOUS VOUS PROMENEZ TOUJOURS AVEC UN LIVRE DANS LA MANCHE?
UN PETIT INSTANT... AH, VOILÀ!
QU'AVEZ-VOUS ÉCRIT?
OH, UNE INVITATION À VENIR CHEZ MOI, POUR VOTRE JEUNE HOMME...

...JACOPO COMIN, PEINTRE, VOTRE EXCELLENCE!
BIENVENUE DANS MA DEMEURE, VOUS POUVEZ M'APPELER VETTORE. APRÈS TOUT, NOUS AVONS LE MÊME ÂGE...
"JE SUIS UN MAÎTRE PEINTRE, CE QUI SIGNIFIE QUE J'AI MON ATELIER... QUE JE SUIS EN SOMME UN ARTISTE PROFESSIONNEL."
"GRÂCE À CELA, VETTORE PISANI M'A INVITÉ CHEZ LUI... QUELQU'UN DE CÉLÈBRE LUI A PARLÉ DE MOI... IL VEUT QUE JE PEIGNE LE PLAFOND DE CETTE SALLE..."
"IL ME DEMANDE 14 TOILES QUI RACONTENT LES HISTOIRES QU'IL A LUES DANS LES ÉCRITS D'UN POÈTE DE LA ROME ANTIQUE..."
VOYEZ UN PEU CETTE MERVEILLE!
"J'AI PEUR CEPENDANT... C'EST LA PREMIÈRE FOIS QUE JE SUIS CONFRONTÉ À UN DÉFI AUSSI GRAND."
LES NUITS COMME CELLES-CI, J'AI L'IMPRESSION QUE JE POURRAIS VOLER. SI J'ESSAYAIS SEULEMENT...
VOUS COMPRENEZ CE QUE JE VEUX DIRE, JACOPO?
JE... JE CROIS QUE OUI...
"LE FAIT EST QU'IL ARRIVE UN MOMENT OÙ IL FAUT PRENDRE SON ENVOL, SE JETER AU-DELÀ DE NOS PEURS. C'EST À PRENDRE OU À LAISSER. OSER, OU SE RENDRE..."
"JE ME JETTE À L'EAU!"

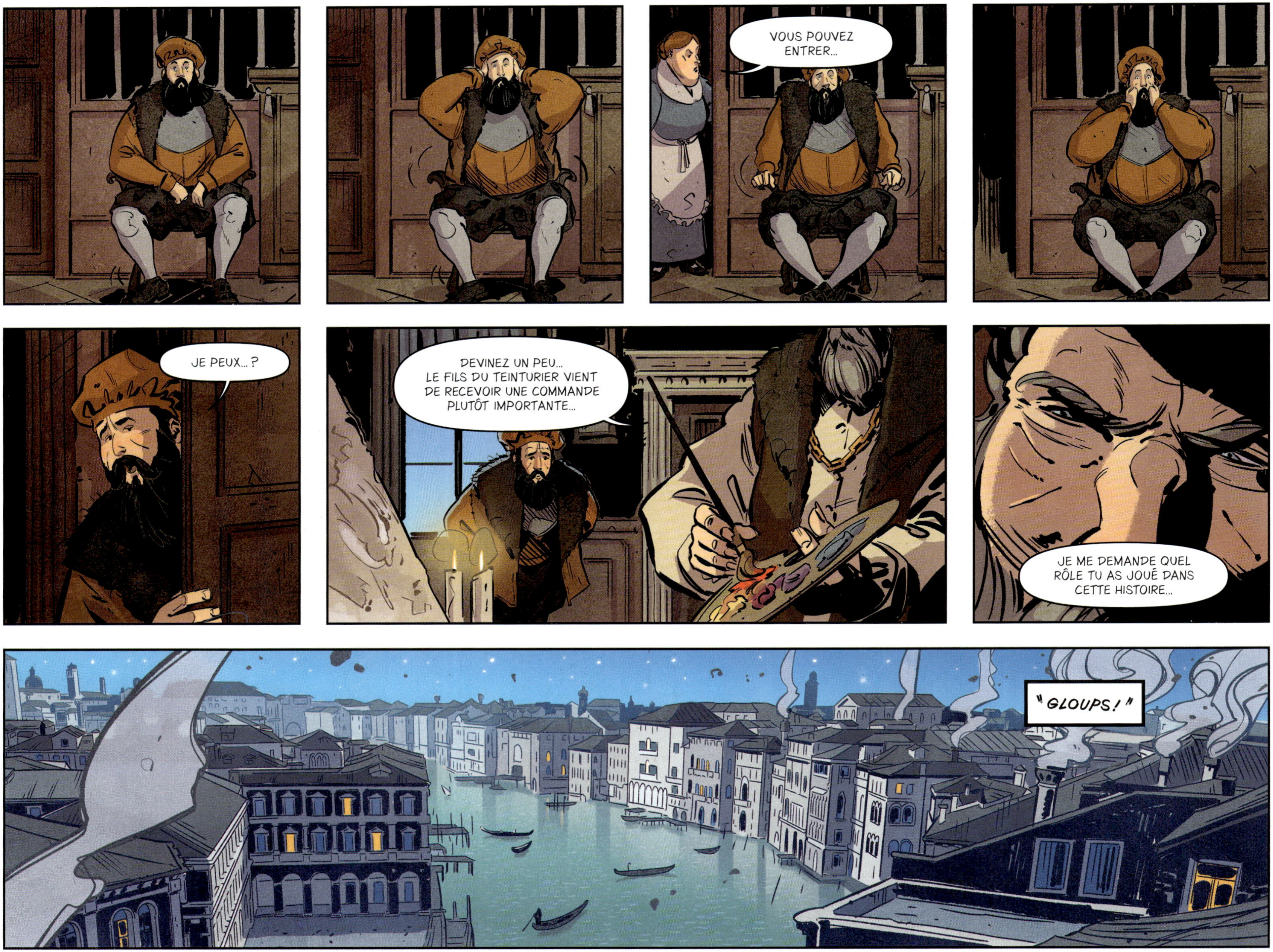
VOUS POUVEZ ENTRER...
JE PEUX... ?
DEVINEZ UN PEU... LE FILS DU TEINTURIER VIENT DE RECEVOIR UNE COMMANDE PLUTÔT IMPORTANTE...
JE ME DEMANDE QUEL RÔLE TU AS JOUÉ DANS CETTE HISTOIRE...
"GLOUPS !"

CHAPITRE 2 : 1548-1556

...ET NOUS REPARLERONS DES MAÎTRES ET DES ÉLÈVES

6 ANS ONT PASSÉ. JACOPO VIENT DE PEINDRE UN VÉRITABLE CHEF D'ŒUVRE.

GRÂCE À L'ARÉTIN, QUI L'AIDAIT, JACOPO REÇOIT DE TRÈS BELLES COMMANDES, MAIS...

...QUELQUE CHOSE EN LUI EST INQUIET, ET DEMANDE TOUJOURS PLUS !

SCUOLA GRANDE DI SAN MARCO, VENISE, AVRIL 1548.
"UN ESCLAVE, QUI A VOULU RENDRE HOMMAGE AUX RELIQUES DU SAINT, VA ÊTRE PUNI CRUELLEMENT PAR SON MAÎTRE. MAIS SAINT MARC DÉTRUIT L'ARME ET LE SAUVE."
"J'AI VRAIMENT TOUT DONNÉ. J'AI TRAVAILLÉ JOUR ET NUIT, SANS REGARDER À LA DÉPENSE. J'AI SAUTÉ LES REPAS, NÉGLIGÉ MON AMIE..."
ATTARDEZ-VOUS SUR LA COMPOSITION, SUR LA DISPOSITION DE L'ARCHITECTURE, LA FOULE QUI SEMBLE SE MOUVOIR COMME UN SEUL CORPS, COMME UN FLEUVE, DIRAIS-JE. ET PUIS, LA LUMIÈRE MAGIQUE DU MIRACLE...
...MAIS VOYEZ SURTOUT LE SAINT ET L'ESCLAVE. ILS SONT QUASIMENT LE REFLET DE L'AUTRE!
"...NOS CONFRÈRES DE L'ÉCOLE FERAIENT BIEN D'ACCEPTER LA TOILE!"

EH BIEN, POUR ÊTRE TOUT À FAIT FRANC, CE N'EST PAS UN CHEF D'ŒUVRE, MAIS UN SCANDALE!
JE DIRAIS MÊME PLUS, C'EST UN SCANDALE!
OH OH!
COMMENT...?! VOUS PLAISANTEZ, J'ESPÈRE?! JE N'ARRIVE PAS À LE CROIRE...
!
!
ET VOUS, L'ARÉTIN? VOUS AVEZ AVALÉ VOTRE LANGUE? RÉPONDEZ À CES IMBÉCILES!
PEUT-ÊTRE FERAIS-TU MIEUX D'ALLER PRENDRE L'AIR! JE VAIS LEUR PARLER!
IL Y A CERTAINEMENT UNE ŒUVRE OU DEUX QUE TU NE CONNAIS PAS PAR CŒUR...
MES CHERS CONFRÈRES! ÉCOUTEZ-MOI...
UMPF!

GRMBL...
ENFIN QUOI !... TOUT S'EST TRÈS BIEN PASSÉ, NON ? TU DEVRAIS ÊTRE CONTENT !
SI C'EST VOUS QUI LE DITES, MESSIRE L'ARÉTIN, C'EST D'ACCORD. JE SUIS LE PLUS HEUREUX DES HOMMES !
ON PEUT SAVOIR CE QUI T'AS PRIS ? TON TABLEAU EST UNE MERVEILLE. L'ÉCOLE L'A ACCEPTÉ...
CE N'EST PAS SUFFISANT...
PARDON ?
ÇA NE SUFFIT PAS...
QU'EST-CE QUI NE SUFFIT PAS ?
AU CŒUR DE LA NUIT, JE ME RÉVEILLE AGITÉ. JE M'HABILLE ET JE TRAVAILLE...
...IL N'Y A QU'EN PEIGNANT QUE JE RETROUVE MON CALME !
JE TE COMPRENDS, TU SAIS... JE NE DORS PAS BEAUCOUP NON PLUS, LA NUIT...
NON, VOUS NE ME COMPRENEZ PAS ! SI JE NE PEINS PAS, JE PRENDS FEU !
IL Y A UN DÉMON EN MOI !
SI J'ARRÊTE DE TRAVAILLER, IL FINIRA PAR ME DÉVORER !

MMMH...
AINSI DONC, ILS ONT FINI PAR L'ACCEPTER...
J'IMAGINE QU'IL Y A TON ŒUVRE DERRIÈRE TOUT CELA...
VRAIMENT, JE... JE N'AI RIEN FAIT... LES PROFESSEURS SE SONT OCCUPÉS DE TOUT...
ET PUIS, LE GARÇON LEUR A PRATIQUEMENT OFFERT LE TABLEAU!
OUVRE BIEN LES OREILLES, VIL TOSCAN. CE FILS DE TEINTURIER, CE TINTORET COMME CERTAINS L'APPELLENT, A ÉTÉ CHANCEUX JUSQUE-LÀ, MAIS ÇA A TROP DURÉ. QU'IL SE CHERCHE DU TRAVAIL À TORCELLO, À PARTIR DE MAINTENANT!
COMME VOUS VOULEZ...

SCUOLA GRANDE DI SAN MARCO, VENISE, MAI 1548.
?!
QU'EST-CE QUE ÇA VEUT DIRE?
VOUS AVIEZ PROMIS, ET M'AVIEZ ASSURÉ QUE VOUS ME PASSERIEZ D'AUTRES COMMANDES! JE VOUS AI QUASIMENT OFFERT MON *MIRACLE*!
PARLEZ, OU JE VOUS ÉTRIPE!
NOUS AVONS REÇU UNE AUTRE PROPOSITION... VOUS COMPRENEZ? UNE PROPOSITION QUE NOUS N'AVONS PAS PU REFUSER...
JE DIRAIS MÊME PLUS...
INUTILE!... J'AI TRÈS BIEN COMPRIS!
AÏE!
!
"LE TOSCAN VA M'ENTENDRE. JE RECONNAIS SA PATTE!"

PORTE-TOI BIEN, GIACINTO... ET VA TOUT DE SUITE AU LIT!
TOC TOC
UH?
MAIS... TU AS APPRIS À VOLER?
DITES DONC, VOUS!
TU SORS DE L'ÉCOLE, PAS VRAI? ALORS, ÇA S'EST PASSÉ COMMENT?
D'APRÈS VOUS? JE VOUS ÉCOUTE!!
TU SAIS, MON GARÇON, ON NE PEUT PAS GAGNER TOUJOURS!
LE VIEUX A PROMIS 6 TOILES, ET CES ORDURES M'ONT MIS À LA PORTE! JE PENSAIS QUE VOUS ÉTIEZ DE MON CÔTÉ!

LA JOURNÉE A ÉTÉ LONGUE, MON PETIT... JE NE SAIS PAS SI JE SUIS EN MESURE D'EN SUPPORTER PLUS... QUE VEUX-TU?
VOUS M'AVEZ ABANDONNÉ!... ÉVINCÉ PAR CE TYRAN DE TITIEN!
HA! HA! HA! TU ME FAIS RIRE!
GARDE TES ÉTATS D'ÂME POUR TOI, FISTON, OU TU POURRAIS COULER À PIC... VENISE NE PARDONNE PAS!
JE CROYAIS QUE VOUS ÉTIEZ MON AMI!
JE N'AI PAS D'AMIS, METS-TOI BIEN ÇA DANS LE CRÂNE!
PAUVRE DE MOI! QUE VAIS-JE DEVENIR...
RELÈVE-TOI, ET NE JOUE PAS LES VICTIMES... LA LAGUNE EST IMMENSE!
S'IL N'Y A PAS DE POISSONS ICI, TU N'AS QU'À ALLER PÊCHER AILLEURS!
ET OÙ POURRAIS-JE ALLER?

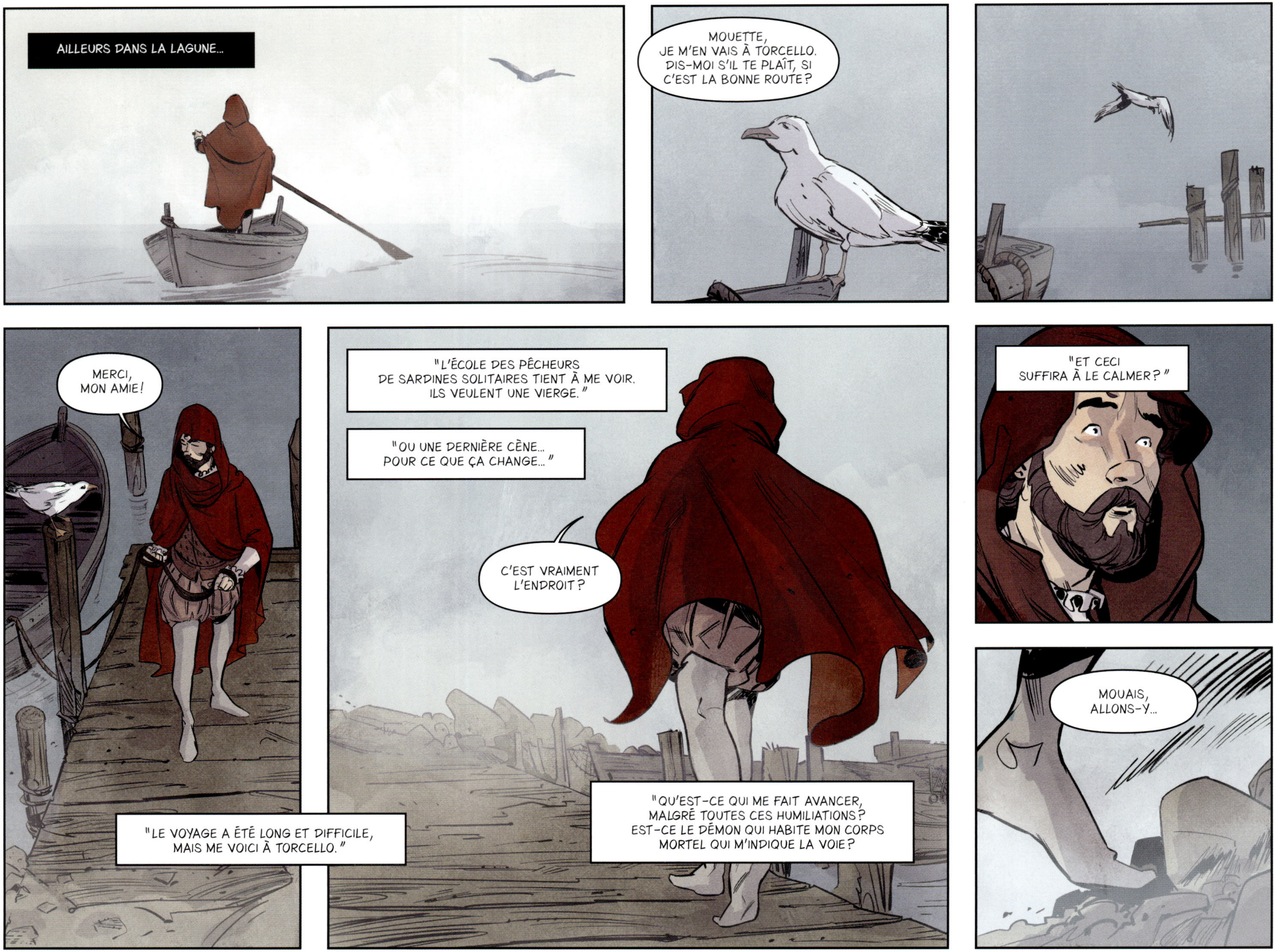
AILLEURS DANS LA LAGUNE...
MOUETTE, JE M'EN VAIS À TORCELLO. DIS-MOI S'IL TE PLAÎT, SI C'EST LA BONNE ROUTE ?
MERCI, MON AMIE !
"LE VOYAGE A ÉTÉ LONG ET DIFFICILE, MAIS ME VOICI À TORCELLO."
"L'ÉCOLE DES PÊCHEURS DE SARDINES SOLITAIRES TIENT À ME VOIR. ILS VEULENT UNE VIERGE."
"OU UNE DERNIÈRE CÈNE... POUR CE QUE ÇA CHANGE..."
C'EST VRAIMENT L'ENDROIT ?
"QU'EST-CE QUI ME FAIT AVANCER, MALGRÉ TOUTES CES HUMILIATIONS ? EST-CE LE DÉMON QUI HABITE MON CORPS MORTEL QUI M'INDIQUE LA VOIE ?"
"ET CECI SUFFIRA À LE CALMER ?"
MOUAIS, ALLONS-Y...

ET MERDE !
PUTE VIERGE ! Y A VRAIMENT RIEN QUI VA !
QU'EST-CE QUE JE FAIS ICI ? C'ÉTAIT VRAIMENT UNE SALE IDÉE. JE FERAIS BIEN DE RENTRER AVANT QU'IL FASSE NUIT !
COMMENT ? TU T'AVOUES DÉJÀ VAINCU ? SANS MÊME AVOIR FAIT UN PETIT TOUR ?
?
FRANCHEMENT, QUE DIRAIS TON PÈRE S'IL TE VOYAIT ?
QUI ÊTES-VOUS ? VOUS CONNAISSEZ MON PÈRE ?
BATTISTA ÉTAIT UNE PERSONNE MODESTE, JACOPO. MAIS TRÈS COURAGEUSE !
JE VOUS RECONNAIS ! VOUS ÊTES...
BIEN SÛR QUE JE CONNAIS TON PÈRE. IL M'A TOUJOURS TÉMOIGNÉ SA DÉVOTION... TU TE RAPPELLES QUAND IL T'A OFFERT MA STATUETTE ?
LA STATUETTE ?!

...SAINT ROCH !
SAIS-TU COMBIEN DE FOIS IL A RISQUÉ SA VIE POUR AVOIR LA POSSIBILITÉ DE FONDER UNE FAMILLE ?
TU NE TE SOUVIENS PLUS DE SES RÉCITS DE GUERRE CONTRE L'EMPIRE ?
MAIS IL N'Y A AUCUNE GUERRE ICI... C'EST UNE ÎLE DÉSERTE ! IL N'Y A RIEN ICI POUR MOI !
MMMH... VRAIMENT ? SI TU LE DIS... ACCOMPAGNE-MOI, ON VA FAIRE QUELQUES PAS, TIENS...
TU N'AS PAS FAIM ? SI J'AVAIS UN ESTOMAC, J'AURAIS ASSEZ D'APPÉTIT POUR MANGER UN SANGLIER ENTIER !
MAINTENANT QUE J'Y PENSE, JE ME METTRAIS BIEN QUELQUE CHOSE SOUS LES DENTS, C'EST VRAI... MAIS VOUS......
OH MOI, JE NE SUIS QU'UNE OMBRE, JE N'AI PAS BESOIN DE MANGER... MAIS JE PERÇOIS UNE ODEUR QUI VIENT DE LÀ-BAS...
ON CUISINE DERRIÈRE CES ARBRES !
QUEL PARFUM !
ÇA VOUS DIT DE... ?!
?!
IL A DISPARU !

ALLONS UN PEU VOIR...
PAPA, ON A DE LA VISITE !
C'EST LE MAÎTRE DE VENISE! IL ARRIVE DU MAUVAIS CÔTÉ!
MESSIRE TINTORET...
NOUS VOUS ATTENDIONS À LA PORTE PRINCIP...
J'AI FAIT UN TOUR... J'AIME BEAUCOUP MARCHER!
MMMH... QUEL PARFUM DÉLICIEUX!
APPELEZ-MOI SARDELA...
JE VOUS AI HUMBLEMENT INVITÉ ICI À TORCELLO POUR...
QUE DIRIEZ-VOUS D'EN PARLER À TABLE, PLUTÔT? J'AI UNE DE CES FAIMS...
TOUS À TABLE !
AU MAÎTRE TINTORET, LE PLUS GRAND PEINTRE DE VENISE!
GNAM, GNAM!
MMMH...
...UNE AUTRE SARDINE, ET NOUS IRONS VOIR VOTRE CHÈRE PETITE ÉGLISE...

"8 ANS ONT PASSÉ.
8 ANNÉES D'EXIL À LA FRONTIÈRE,
À LA PÉRIPHÉRIE DE LA PEINTURE..."
"DE NUITS SANS SOMMEIL..."
QUE SE PASSE-T-IL?
MAÎTRE... VENISE VOUS DOIT SA GLOIRE!
AÎTRE... ISE VOUS SA GLOIRE!
...QUI?
AÎTRE...
MAÎT
MAÎTRE...
MÊME EN RÊVE, ON SE MOQUE DE MOI!
...ASSEZ! L'HEURE EST VENUE DE LEUR MONTRER!

VENISE, PLACE SAN MARCO, 1556.
LA GRANDE BIBLIOTHÈQUE, DESSINÉE PAR SANSOVINO, A BESOIN D'ÊTRE DÉCORÉE.
LA RÉPUBLIQUE A CONFIÉ AU TITIEN LA MISSION DE CHOISIR LES PEINTRES QUI AURONT L'HONNEUR D'UNE TELLE RESPONSABILITÉ...
"JE M'APPELLE TIZIANO VECELLIO, JE SUIS LE PEINTRE DE VENISE."
"JE SUIS VENU ICI ENFANT, DES MONTS DU CADORE, AUX CONFINS DE L'EMPIRE DE MAXIMILIEN. ICI, J'AI GRANDI, EN HOMME ET EN PEINTRE. ICI, J'AI OBTENU LA GLOIRE ET LA FORTUNE."
SANS APPEL ET SELON LE DÉSIR DU GOUVERNEMENT DE LA SÉRÉNISSIME, J'AI NOMMÉ SEPT PEINTRES...

"JE JETTE LES DÉS, ASSIGNE LES COMMANDES ET DÉCIDE DES RÈGLES. ET C'EST BIEN VOLONTIERS QUE JE LAISSE À ROME, MICHEL-ANGE SE DISPUTER AVEC LE PAPE."
...JE LES CHARGE DES DÉCORATIONS DE CETTE EXTRAORDINAIRE BIBLIOTHÈQUE DÉDIÉE À SAINT MARC!
"JE SUIS UN HOMME RESPECTÉ. ON ME DOIT DONC..."
TONG
AÏE!
HEY, TITI! TU TE SOUVIENS DE MOI?

HALTE-LÀ!
LE TINTORET! COMMENT OSE-T-IL?
...POUR QUI SE PREND-IL? TROIS COUPS DE PINCEAUX JETÉS ÇÀ ET LÀ, ET IL PENSE AVOIR FINI UNE TOILE!
...SANS PARLER DE LA PRINCESSE, CELLE AVEC SAN GIORGIO. LES JAMBES OUVERTES, C'ÉTAIT D'UN GOÛT!
LAISSEZ-LE...
RENTRE CHEZ TOI, LE TINTORET!... VA ET J'OUBLIERAI CET AFFRONT!... TA PLACE N'EST PAS ICI!
QUI A DIT ÇA?
JE VIENS JUSTE D'ANNONCER LES PEINTRES QUI DÉCORERONT LA BIBLIOTHÈQUE...
...AS-TU, PAR ERREUR, ENTENDU PRONONCER TON NOM?
C'EST BIEN CE QUE JE PENSAIS.

POURQUOI…
POURQUOI?
POURQUOI M'AVEZ-VOUS FAIT ÇA?
POURQUOI T'AI-JE CHASSÉ DE MON ATELIER?
TU N'ÉTAIS RIEN, ET TU N'ES TOUJOURS RIEN AUJOURD'HUI…
TU N'ES QU'UNE ROSSE, UN PEINTRE MÉDIOCRE, JUSTE BON POUR LES ARMOIRES ET LES CAISSONS!
MAIS NE LE PRENDS PAS MAL…
TOUT LE MONDE NE PEUT PAS RÉUSSIR…
CHACUN DES PEINTRES QUE J'AI CHOISIS VAUT LE DOUBLE DE TOI!
"NON!"
JE VAUX PLUS QUE TOUS RÉUNIS!
HA! HA! ET JE SERAIS ASSEZ FOU POUR NE PAS M'EN APERCEVOIR!
TU AS DE LA CHANCE QUE L'ARÉTIN AIT DE LA SYMPATHIE POUR TOI…
MAIS CE N'ÉTAIT QUE DE LA PITIÉ…

"...IL ME L'A DIT LUI-MÊME..."
L'ARÉTIN...
UH?
IL FAIT NOIR, ET JE SUIS DEVENU SOURD... AH! MAIS VOYEZ DONC QUI EST LÀ, APRÈS TOUT CE TEMPS...
L'ENFANT QUI VOULAIT CONQUÉRIR LE MONDE! COMMENT ÇA S'EST PASSÉ?
JE SUIS PASSÉ À SAN MARCO...
BIEN SÛR... LA BIBLIOTHÈQUE MARCIENNE...
SOIS GENTIL, TU VEUX BIEN, ET REGARDE EN CUISINE, S'IL Y A QUELQUE CHOSE DE COMESTIBLE. JE NE ME RAPPELLE PLUS LA DERNIÈRE FOIS QUE J'AI MANGÉ...
ET QUANT À TON REGARD QUI SEMBLE VOULOIR TUER...
JE N'AI RIEN À VOIR AVEC LA BIBLIOTHÈQUE. JE L'AI SU PAR HASARD.
JE SUIS AU LIT DEPUIS PLUS DE DEUX SEMAINES, ET PLUS PERSONNE NE VIENT ME VOIR... PAS MÊME LUI!
TU AS FAIM?
C'EST POUR UNE CHOSE QU'IL M'A DIT...

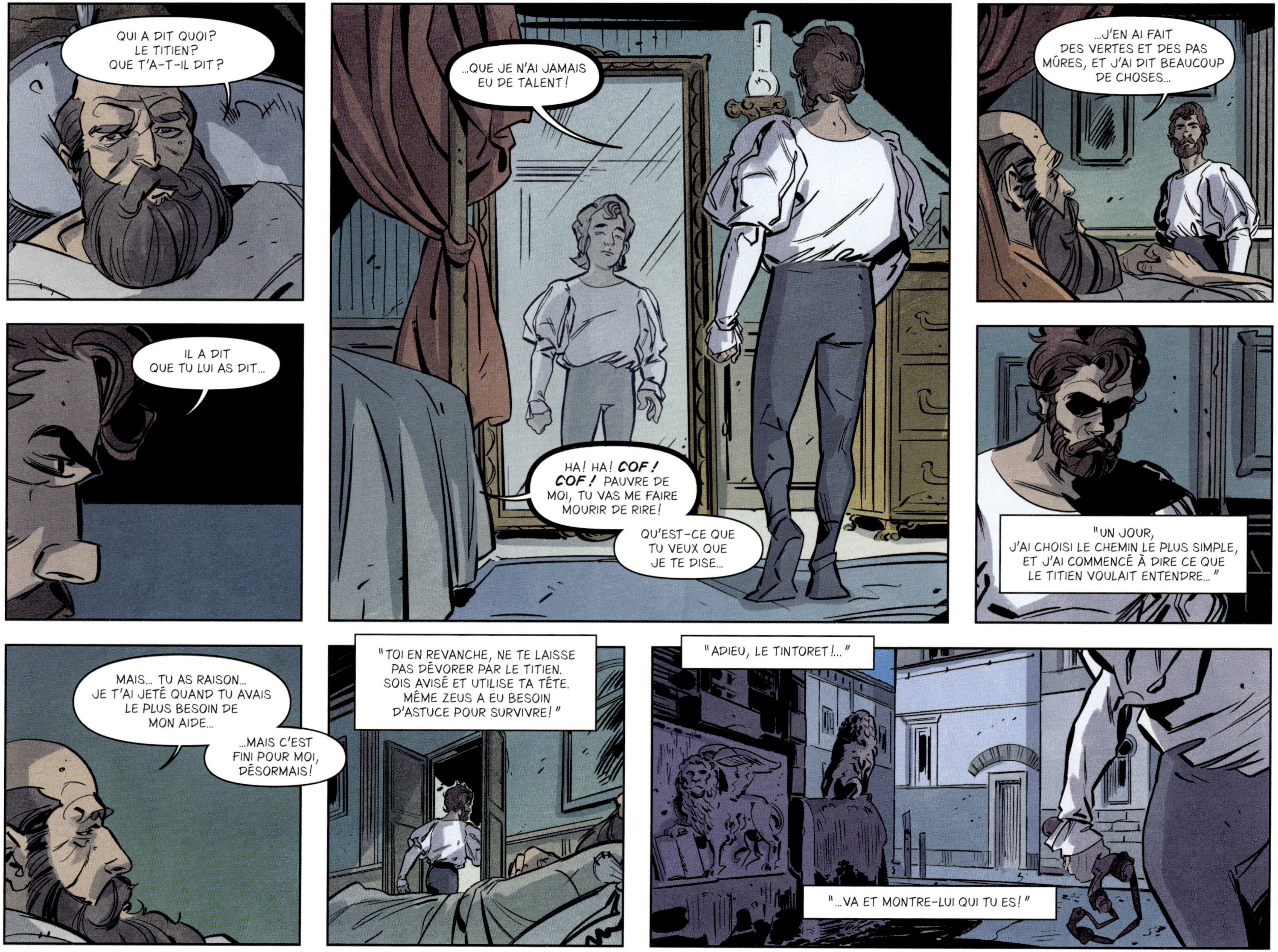
QUI A DIT QUOI? LE TITIEN? QUE T'A-T-IL DIT?
IL A DIT QUE TU LUI AS DIT...
...QUE JE N'AI JAMAIS EU DE TALENT!
HA! HA! COF! COF! PAUVRE DE MOI, TU VAS ME FAIRE MOURIR DE RIRE!
QU'EST-CE QUE TU VEUX QUE JE TE DISE...
...J'EN AI FAIT DES VERTES ET DES PAS MÛRES, ET J'AI DIT BEAUCOUP DE CHOSES...
"UN JOUR, J'AI CHOISI LE CHEMIN LE PLUS SIMPLE, ET J'AI COMMENCÉ À DIRE CE QUE LE TITIEN VOULAIT ENTENDRE..."
MAIS... TU AS RAISON... JE T'AI JETÉ QUAND TU AVAIS LE PLUS BESOIN DE MON AIDE...
...MAIS C'EST FINI POUR MOI, DÉSORMAIS!
"TOI EN REVANCHE, NE TE LAISSE PAS DÉVORER PAR LE TITIEN. SOIS AVISÉ ET UTILISE TA TÊTE. MÊME ZEUS A EU BESOIN D'ASTUCE POUR SURVIVRE!"
"ADIEU, LE TINTORET!..."
"...VA ET MONTRE-LUI QUI TU ES!"

CHAPITRE 3 : 1557-1564

LE SAINT ET LE PIRATE

CE NE SONT PAS DES ANNÉES FACILES POUR NOTRE PEINTRE QUARANTENAIRE, QUI TRAVAILLE SANS PAUSE, SANS RECEVOIR LA RECONNAISSANCE QU'IL PENSE MÉRITER...

...MAIS QUELQUE CHOSE VA ARRIVER. UN TOURNANT DÉCISIF POUR LE FUTUR DE JACOPO !

VENISE, 16 AOÛT 1557, JOUR DE FÊTE DE SAINT ROCH.
"JE ME SENS PRISONNIER DANS MON PROPRE CORPS. DANS CE CORPS QUI NE M'APPARTIENT PAS. JE SUIS UNE MARIONNETTE. UNE FORCE FAIT BOUGER MES BRAS, ET M'ENTRAÎNE D'UN LIEU À UN AUTRE."
"JE ME LAISSE FAIRE."
"JE L'OBSERVE PEINDRE, PRIS PAR UNE OBSESSION DONT IL EST IMPOSSIBLE DE SE SOUSTRAIRE."
"IL A DÉFIÉ L'AUTORITÉ, IL S'EST MOQUÉ DU MAÎTRE, AU GRAND JOUR ET DE FAÇON EFFRONTÉE."
"ET MAINTENANT, IL EN PAIE LES CONSÉQUENCES. ET MOI, AVEC LUI."
"JE BRÛLE."
"JE BRÛLE!"
"ET PUIS QUOI?"

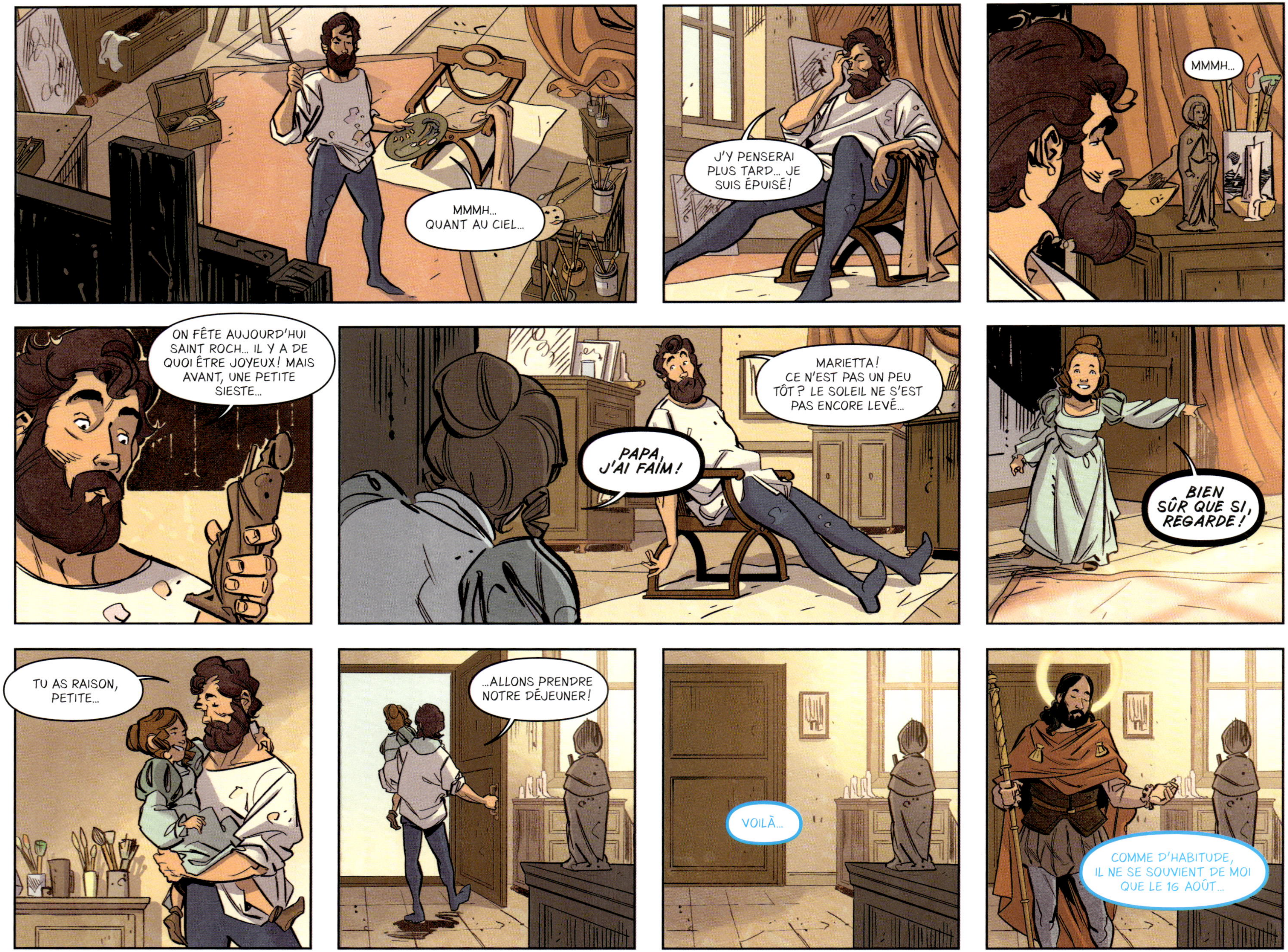
MMMH... QUANT AU CIEL...
J'Y PENSERAI PLUS TARD... JE SUIS ÉPUISÉ!
MMMH...
ON FÊTE AUJOURD'HUI SAINT ROCH... IL Y A DE QUOI ÊTRE JOYEUX! MAIS AVANT, UNE PETITE SIESTE...
PAPA, J'AI FAIM!
MARIETTA! CE N'EST PAS UN PEU TÔT? LE SOLEIL NE S'EST PAS ENCORE LEVÉ...
BIEN SÛR QUE SI, REGARDE!
TU AS RAISON, PETITE...
...ALLONS PRENDRE NOTRE DÉJEUNER!
VOILÀ...
COMME D'HABITUDE, IL NE SE SOUVIENT DE MOI QUE LE 16 AOÛT...

IL NE ME RESSEMBLE VRAIMENT PAS...
JOLI TRAVAIL! UN PEU SOMBRE, MAIS QUELLE FORCE! MARIE! QUELLE PRÉSENCE, ON DIRAIT DÉJÀ UNE PETITE FEMME...
MAIS CE CIEL... UN PEU DE BLEU N'AURAIT PAS NUI...
LE BLEU CIEL SE VEND 8 DUCATS L'ONCE... J'AI UNE FILLE À NOURRIR!
MAIS TU N'AS PAS RENONCÉ À LA POUDRE NOIRE DE MOMIE... QUI COÛTE LES YEUX DE LA TÊTE, PAS VRAI?
"AH! MAIS VOUS SAVEZ..."
QUOI? ON DIT QU'ELLE PORTE CHANCE À LA TOILE, ET GLOIRE ÉTERNELLE À SON AUTEUR?
C'EST UN FAIT SCIENTIFIQUE!
BEN TIENS! JE NE TE SAVAIS PAS AUSSI SUPERSTITIEUX...
QUE VOULEZ-VOUS?... LES RÊVES QUI AGITENT MES NUITS AFFAIBLISSENT SANS CONTESTE MON ÂME...
JE N'EN PEUX PLUS!

ALORS, ARRÊTE-TOI…
JE NE PEUX PAS! JE DOIS ALLER DE L'AVANT, AU RISQUE DE ME CONSUMER!
…MAIS QUELLE SOLITUDE!
QUELLE AMERTUME DANS MON CŒUR…
FORCÉMENT!
TU LES AS TOUS REPOUSSÉS. MÊME TA COMPAGNE T'A ABANDONNÉ… IL NE TE RESTE PLUS QUE LE DÉMON POUR T'INDIQUER LA VOIE…
…MAIS TU NE T'ES PAS RENDU COMPTE QU'IL EST AVEUGLE? TU NE VOIS PAS OÙ IL T'ENTRAÎNE?
C'EST TOUT CE QUE J'AI…
C'EST FAUX!
LE DÉMON N'A PAS À CŒUR TON BONHEUR, IL N'AGIT QUE POUR SES INTÉRÊTS. C'EST PEUT-ÊTRE TA FORCE, MAIS TU NE DOIS PAS LE LAISSER TE GOUVERNER!
CRÉE UN ESPACE ENTRE LUI ET TOI, OU L'AIR TE MANQUERA…
C'EST VRAI… JE SUFFOQUE!
PENSE À MARIETTA, ET CESSE DE FAIRE L'ENFANT… NE FAIS PAS PASSER TES INTÉRÊTS AVANT LES SIENS!
NE L'ENTRAÎNE PAS AVEC TOI DANS LE PRÉCIPICE!

PAPA...
"SAINT ROCH AVAIT DISPARU. ETRANGEMENT, JE CONFONDAIS, DANS MES SOUVENIRS, SON VISAGE AVEC CELUI DE MON PÈRE..."
"SOUDAIN, MON CORPS PERDIT TOUTE CONSISTANCE..."
"ET MA CONSCIENCE ONDOYAIT, SUSPENDUE DANS LA PIÈCE, MOLLE ET INDOLENTE. J'ÉTAIS ENVELOPPÉ PAR UN CALME ÉPAIS, DOUX ET PARFUMÉ..."
"JE SENTAIS LA CHALEUR DE MARIETTA QUI EMPÊCHAIT MON ESPRIT DE SE PERDRE AU-DESSUS ET DANS VENISE."
"GRÂCE À ELLE, JE ME SENTAIS EN SÉCURITÉ. JE N'AVAIS PAS PEUR."
"QUELQUE PART DANS CETTE VILLE, VIVAIT LE GÉANT DE LA PEINTURE QUI M'AVAIT PARLÉ QUAND J'ÉTAIS ENFANT. IL AVAIT LE VISAGE D'UN PÈRE. CONFIANT, JE L'AVAIS SUIVI, MAIS IL M'AVAIT SOULEVÉ, ET M'AVAIT ENGLOUTI..."
"MAIS MAINTENANT, DE L'INTÉRIEUR DE CE PUITS NOIR QU'EST MA VIE, J'APERÇOIS ENFIN UN FILET DE LUMIÈRE. UN RAYON DE LUNE DONT JE PEUX ME SAISIR."
"ATTENDEZ-MOI, DIS-JE AU GÉANT. J'ARRIVE!"

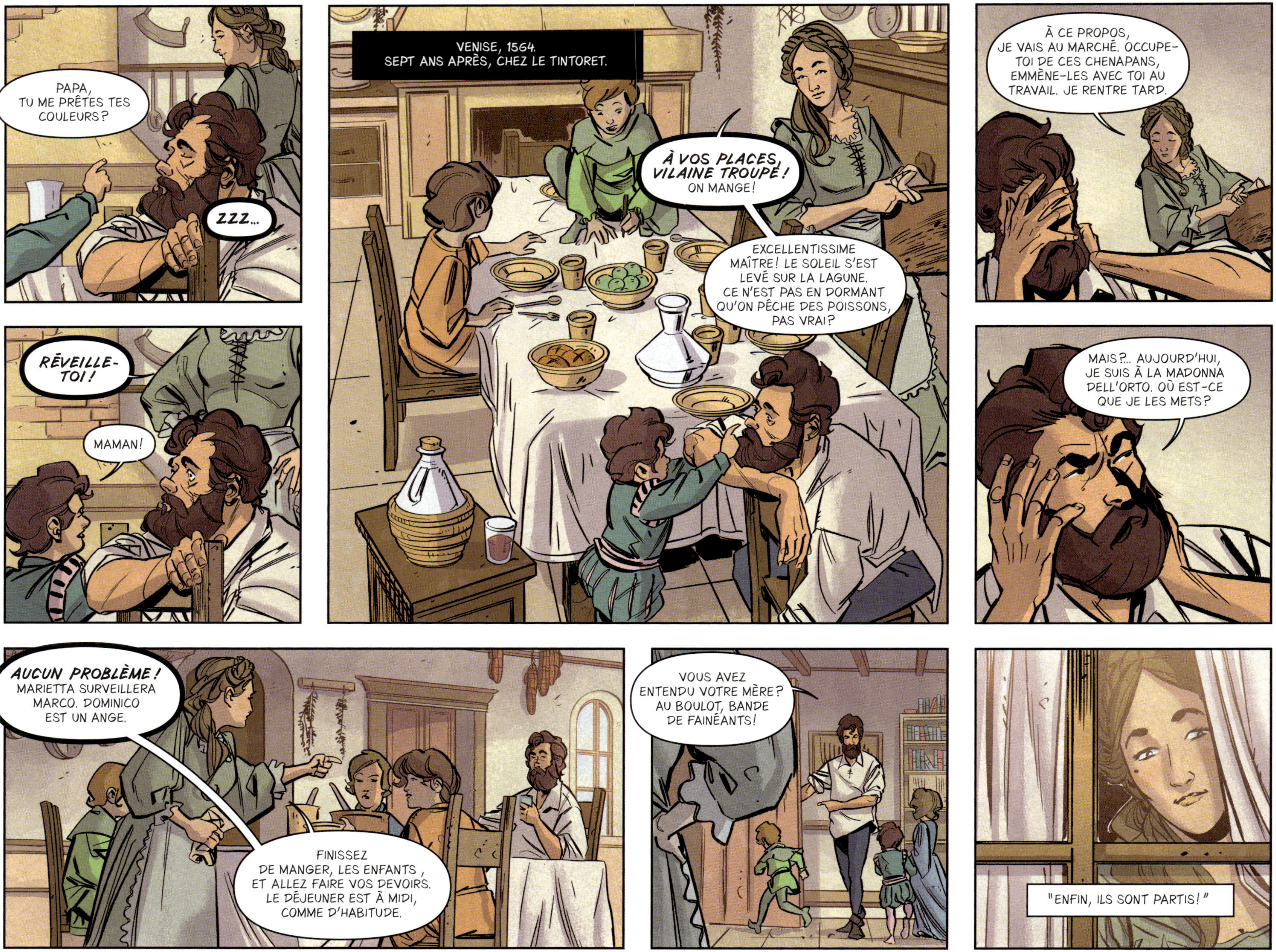
PAPA, TU ME PRÊTES TES COULEURS ?
ZZZ...
RÉVEILLE-TOI !
MAMAN !
VENISE, 1564. SEPT ANS APRÈS, CHEZ LE TINTORET.
À VOS PLACES, VILAINE TROUPE ! ON MANGE !
EXCELLENTISSIME MAÎTRE ! LE SOLEIL S'EST LEVÉ SUR LA LAGUNE. CE N'EST PAS EN DORMANT QU'ON PÊCHE DES POISSONS, PAS VRAI ?
À CE PROPOS, JE VAIS AU MARCHÉ. OCCUPE-TOI DE CES CHENAPANS, EMMÈNE-LES AVEC TOI AU TRAVAIL. JE RENTRE TARD.
MAIS ?.. AUJOURD'HUI, JE SUIS À LA MADONNA DELL'ORTO. OÙ EST-CE QUE JE LES METS ?
AUCUN PROBLÈME ! MARIETTA SURVEILLERA MARCO. DOMINICO EST UN ANGE.
FINISSEZ DE MANGER, LES ENFANTS , ET ALLEZ FAIRE VOS DEVOIRS. LE DÉJEUNER EST À MIDI, COMME D'HABITUDE.
VOUS AVEZ ENTENDU VOTRE MÈRE ? AU BOULOT, BANDE DE FAINÉANTS !
"ENFIN, ILS SONT PARTIS !"

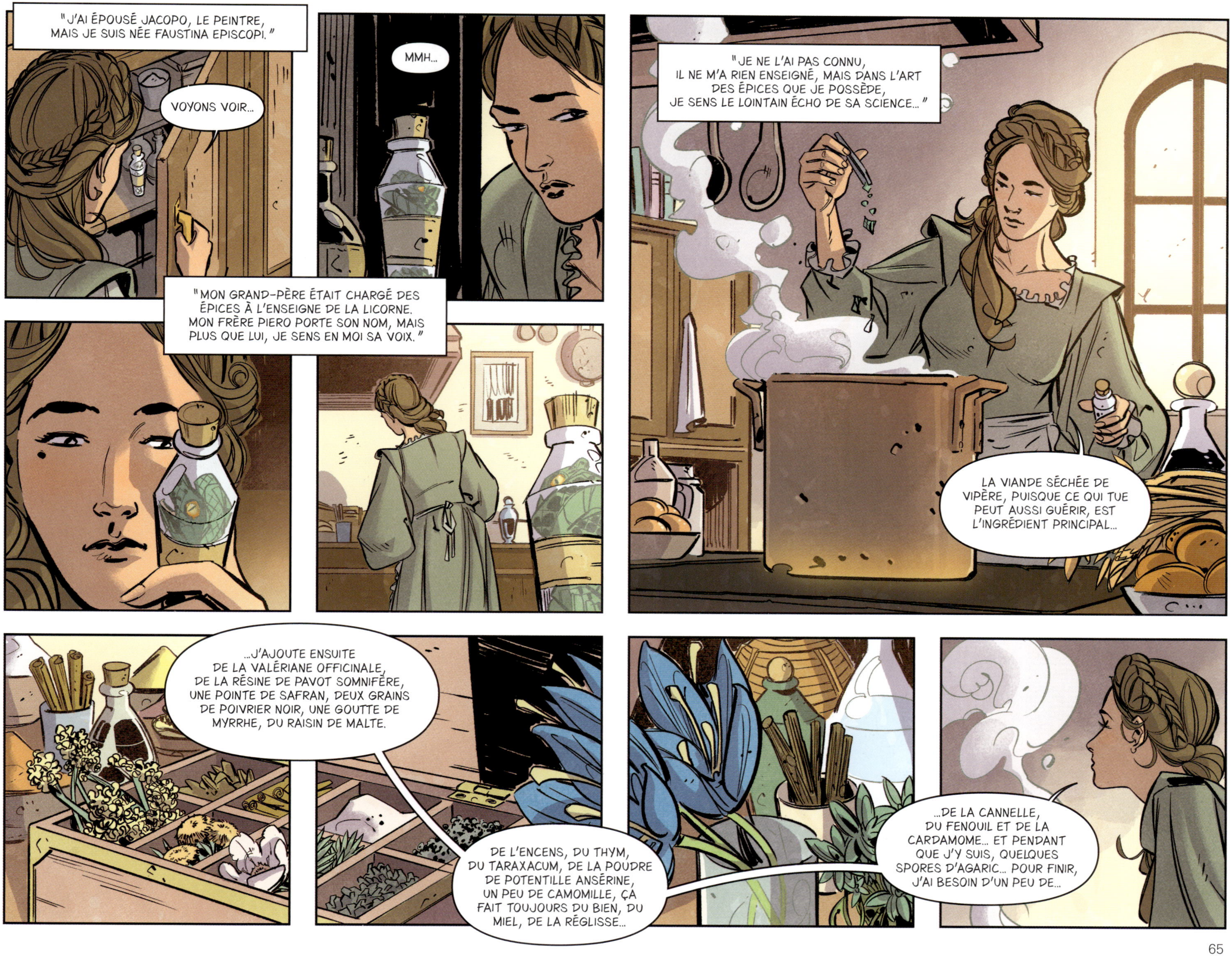
"J'AI ÉPOUSÉ JACOPO, LE PEINTRE, MAIS JE SUIS NÉE FAUSTINA EPISCOPI."
VOYONS VOIR...
MMH...
"MON GRAND-PÈRE ÉTAIT CHARGÉ DES ÉPICES À L'ENSEIGNE DE LA LICORNE. MON FRÈRE PIERO PORTE SON NOM, MAIS PLUS QUE LUI, JE SENS EN MOI SA VOIX."
"JE NE L'AI PAS CONNU, IL NE M'A RIEN ENSEIGNÉ, MAIS DANS L'ART DES ÉPICES QUE JE POSSÈDE, JE SENS LE LOINTAIN ÉCHO DE SA SCIENCE..."
LA VIANDE SÉCHÉE DE VIPÈRE, PUISQUE CE QUI TUE PEUT AUSSI GUÉRIR, EST L'INGRÉDIENT PRINCIPAL...
...J'AJOUTE ENSUITE DE LA VALÉRIANE OFFICINALE, DE LA RÉSINE DE PAVOT SOMNIFÈRE, UNE POINTE DE SAFRAN, DEUX GRAINS DE POIVRIER NOIR, UNE GOUTTE DE MYRRHE, DU RAISIN DE MALTE.
DE L'ENCENS, DU THYM, DU TARAXACUM, DE LA POUDRE DE POTENTILLE ANSÉRINE, UN PEU DE CAMOMILLE, ÇA FAIT TOUJOURS DU BIEN, DU MIEL, DE LA RÉGLISSE...
...DE LA CANNELLE, DU FENOUIL ET DE LA CARDAMOME... ET PENDANT QUE J'Y SUIS, QUELQUES SPORES D'AGARIC... POUR FINIR, J'AI BESOIN D'UN PEU DE...

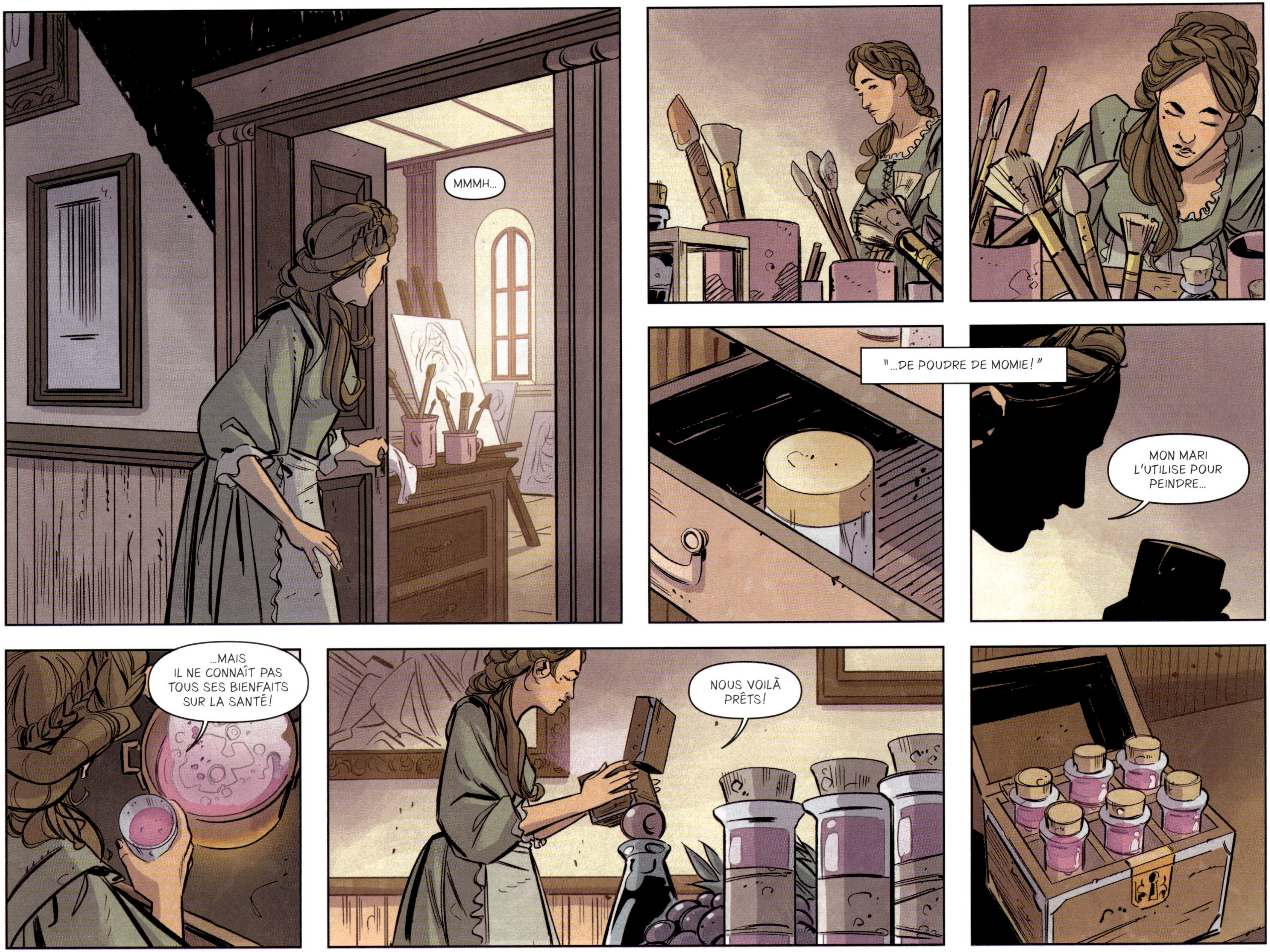
MMMH...
"...DE POUDRE DE MOMIE!"
MON MARI L'UTILISE POUR PEINDRE...
...MAIS IL NE CONNAÎT PAS TOUS SES BIENFAITS SUR LA SANTÉ!
NOUS VOILÀ PRÊTS!

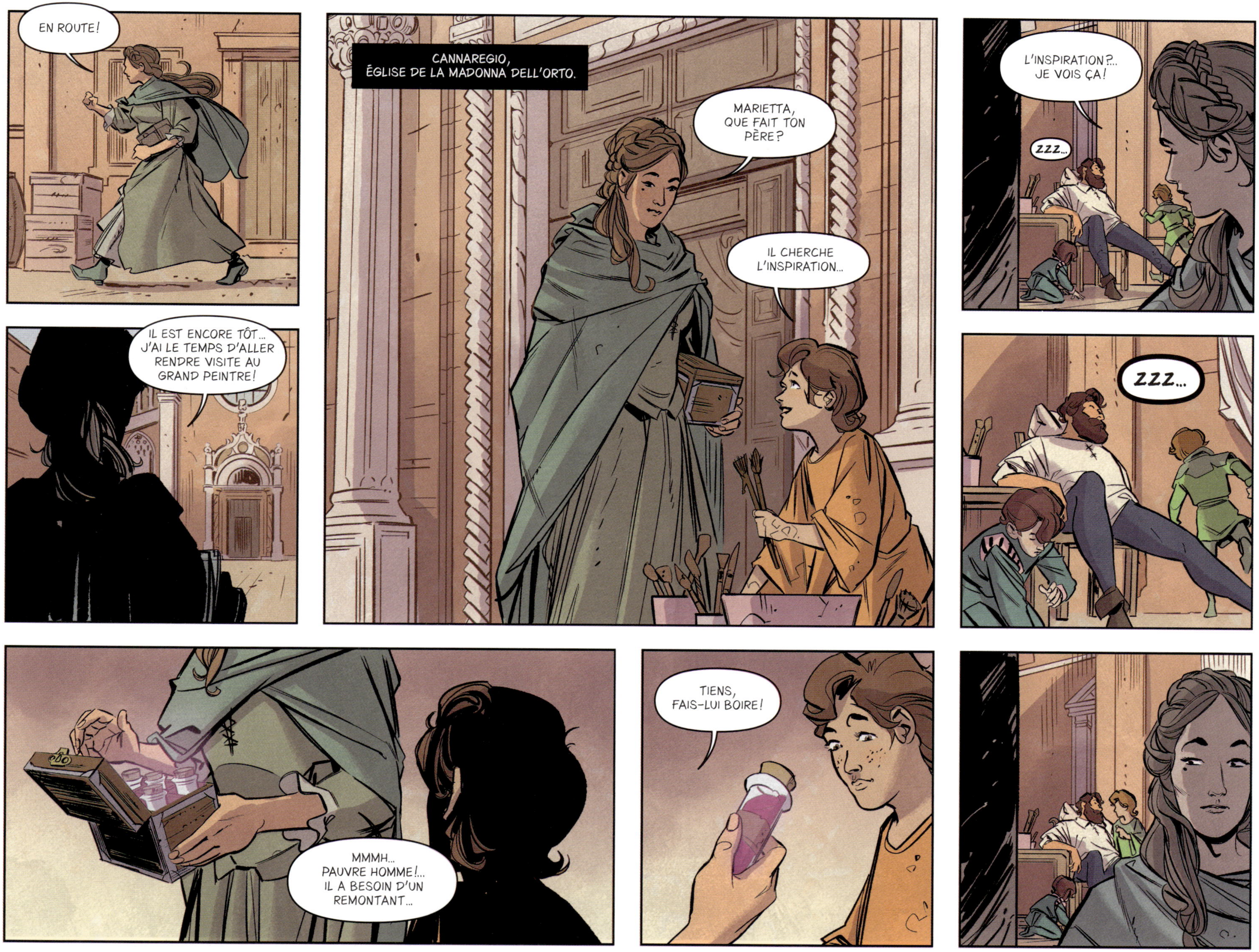
EN ROUTE!
IL EST ENCORE TÔT... J'AI LE TEMPS D'ALLER RENDRE VISITE AU GRAND PEINTRE!
CANNAREGIO, ÉGLISE DE LA MADONNA DELL'ORTO.
MARIETTA, QUE FAIT TON PÈRE?
IL CHERCHE L'INSPIRATION...
L'INSPIRATION?... JE VOIS ÇA!
ZZZ...
ZZZ...
MMMH... PAUVRE HOMME!... IL A BESOIN D'UN REMONTANT...
TIENS, FAIS-LUI BOIRE!

MARIETTA, MON AMOUR, PASSE-MOI, S'IL TE PLAÎT, LES PINCEAUX QUE TU AS NETTOYÉS...
TOUT DE SUITE, PAPA !
...AJOUTE UN PEU D'HUILE AU POURPRE. C'EST TROP DENSE !
ET MAINTENANT, À NOUS DEUX, JUGEMENT DERNIER !

AH! C'EST VOUS!
LE MAÎTRE ÉTAIT INQUIET DE NE PAS VOUS VOIR...
...SON ARTHRITE S'EST AGGRAVÉE...
"INSTALLEZ-VOUS. JE VAIS LUI DEMANDER DE VENIR."
EH BIEN, CE NE DOIT PAS ÊTRE MAL DE VIVRE ICI...
LE MAÎTRE M'A DEMANDÉ DE VOUS DONNER CETTE ENVELOPPE. REVENEZ VITE, PARCE QUE VOTRE REMÈDE EST LE SEUL QUI LE SOULAGE.
ET EN CE QUI CONCERNE MON MARI?
JE SUIS DÉSOLÉ... IL DIT QUE LE TEMPS N'EST PAS ENCORE VENU. MAIS IL DIT AUSSI DE NE PAS DÉSESPÉRER. BIENTÔT, LES CHOSES CHANGERONT...

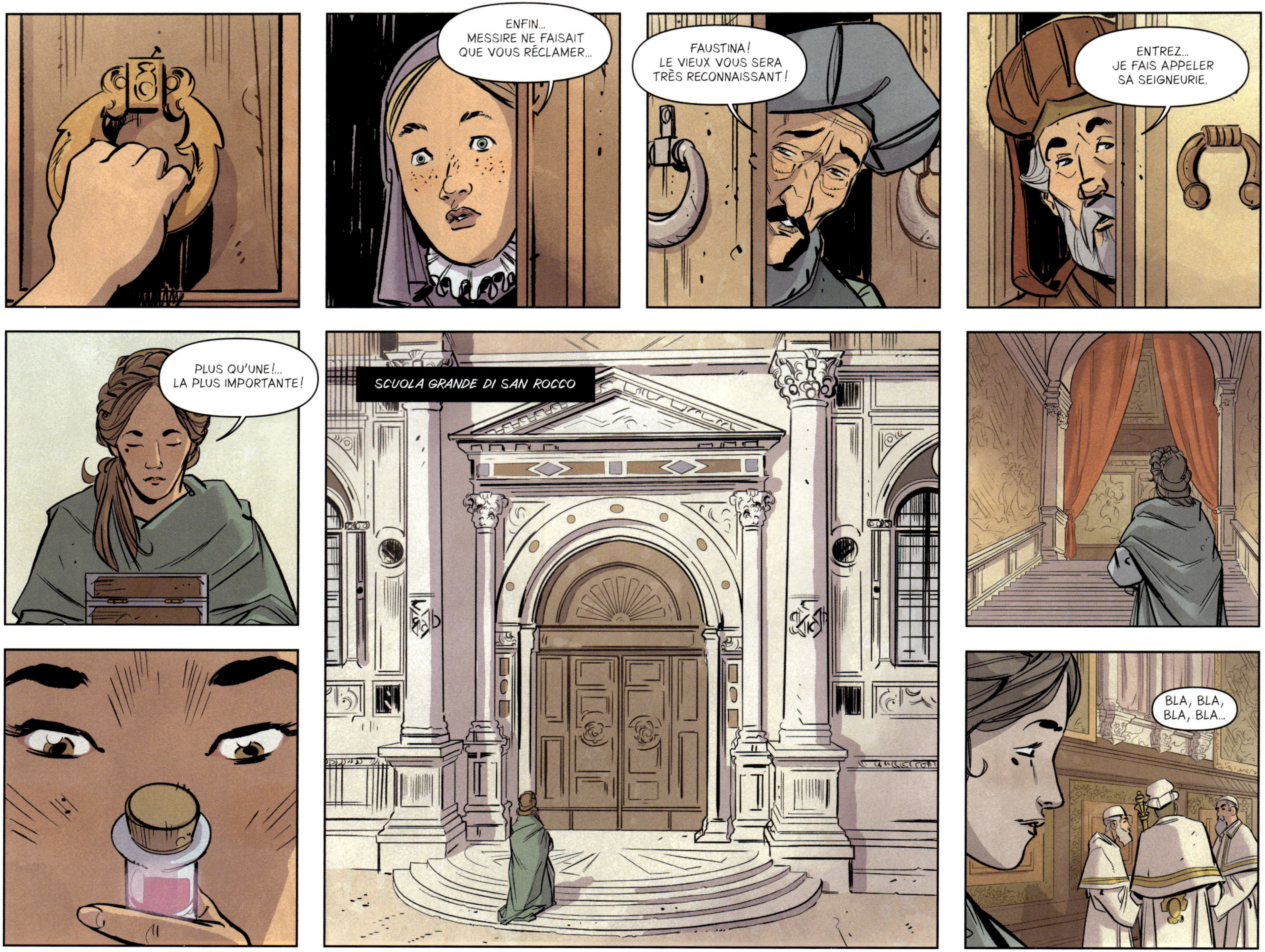
ENFIN... MESSIRE NE FAISAIT QUE VOUS RÉCLAMER...
FAUSTINA ! LE VIEUX VOUS SERA TRÈS RECONNAISSANT !
ENTREZ... JE FAIS APPELER SA SEIGNEURIE.
PLUS QU'UNE !... LA PLUS IMPORTANTE !
SCUOLA GRANDE DI SAN ROCCO
BLA, BLA, BLA, BLA...

TE VOICI ENFIN !
"L'ÉLIXIR!"
MA FEMME SERA RAVIE. AVEC CE TEMPS HUMIDE, LES OS LUI FONT MAL...
DOUCEMENT... N'OUBLIEZ PAS NOTRE PACTE!
MMMH...
IL Y AURAIT BIEN QUELQUE CHOSE, MAIS JE NE SAIS PAS SI...
JE REPARS AVEC?
NON, ATTENDEZ!
LE TITIEN A RENONCÉ À PEINDRE LES DÉCORATIONS DE LA SALLE DU CONSEIL...
ET VOUS COMPTIEZ ATTENDRE LONGTEMPS AVANT DE ME LE DIRE? ET PUIS?
CHUT !
VENEZ!

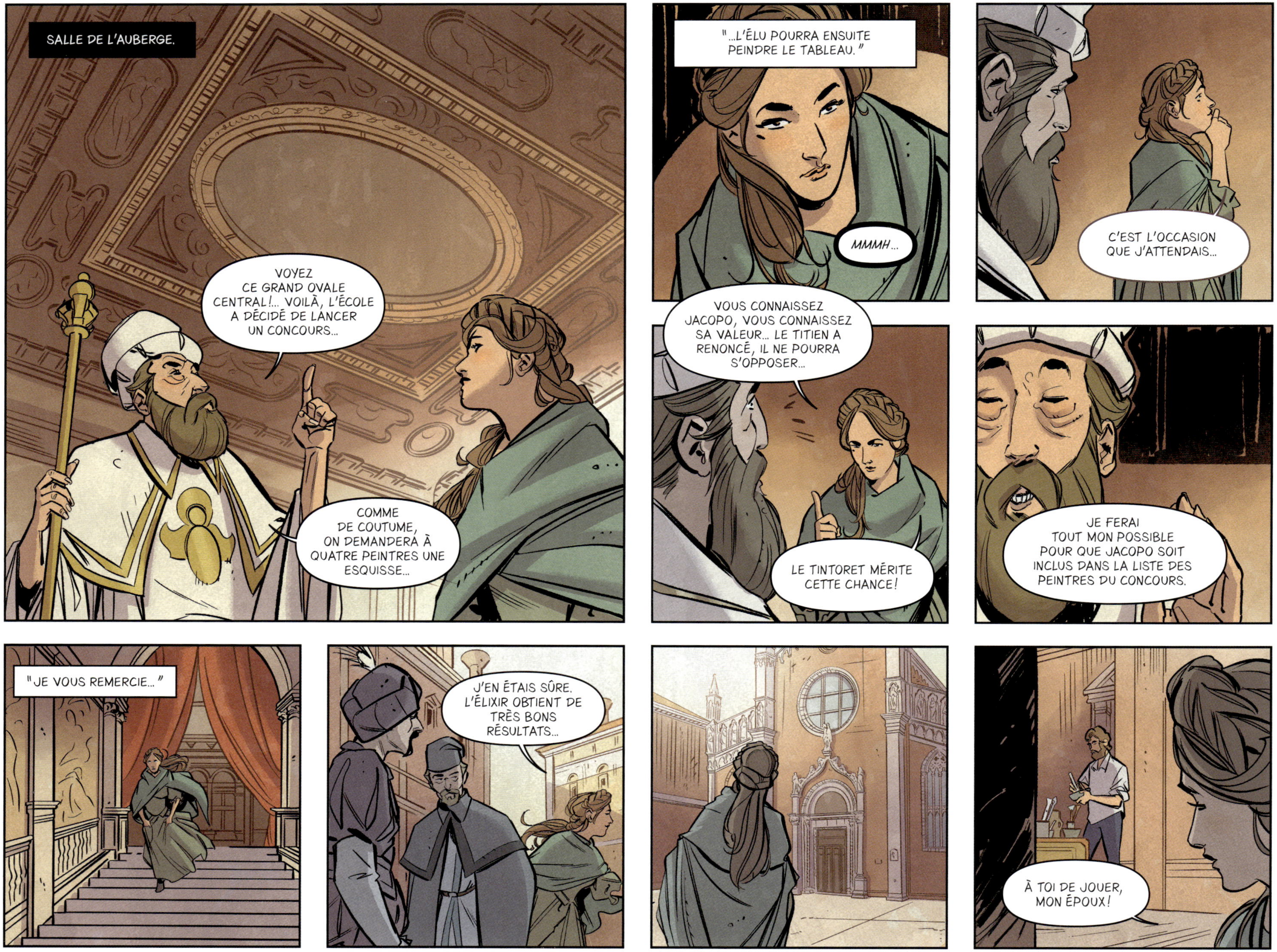
SALLE DE L'AUBERGE.
VOYEZ CE GRAND OVALE CENTRAL !... VOILÀ, L'ÉCOLE A DÉCIDÉ DE LANCER UN CONCOURS...
COMME DE COUTUME, ON DEMANDERA À QUATRE PEINTRES UNE ESQUISSE...
"...L'ÉLU POURRA ENSUITE PEINDRE LE TABLEAU."
MMMH...
C'EST L'OCCASION QUE J'ATTENDAIS...
VOUS CONNAISSEZ JACOPO, VOUS CONNAISSEZ SA VALEUR... LE TITIEN A RENONCÉ, IL NE POURRA S'OPPOSER...
LE TINTORET MÉRITE CETTE CHANCE !
JE FERAI TOUT MON POSSIBLE POUR QUE JACOPO SOIT INCLUS DANS LA LISTE DES PEINTRES DU CONCOURS.
"JE VOUS REMERCIE..."
J'EN ÉTAIS SÛRE. L'ÉLIXIR OBTIENT DE TRÈS BONS RÉSULTATS...
À TOI DE JOUER, MON ÉPOUX !

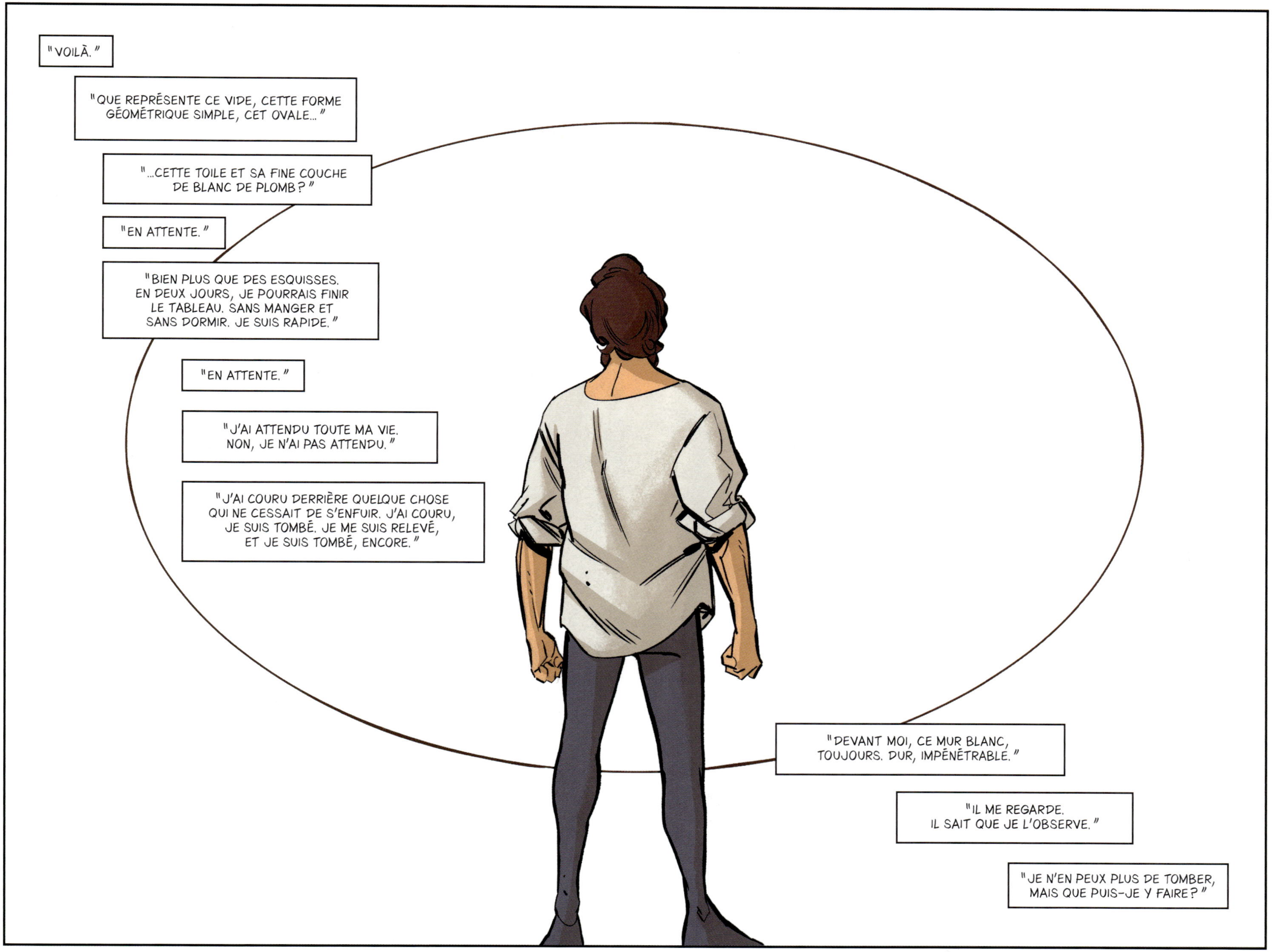
"VOILÀ."
"QUE REPRÉSENTE CE VIDE, CETTE FORME GÉOMÉTRIQUE SIMPLE, CET OVALE..."
"...CETTE TOILE ET SA FINE COUCHE DE BLANC DE PLOMB ?"
"EN ATTENTE."
"BIEN PLUS QUE DES ESQUISSES. EN DEUX JOURS, JE POURRAIS FINIR LE TABLEAU. SANS MANGER ET SANS DORMIR. JE SUIS RAPIDE."
"EN ATTENTE."
"J'AI ATTENDU TOUTE MA VIE. NON, JE N'AI PAS ATTENDU."
"J'AI COURU DERRIÈRE QUELQUE CHOSE QUI NE CESSAIT DE S'ENFUIR. J'AI COURU, JE SUIS TOMBÉ. JE ME SUIS RELEVÉ, ET JE SUIS TOMBÉ, ENCORE."
"DEVANT MOI, CE MUR BLANC, TOUJOURS. DUR, IMPÉNÉTRABLE."
"IL ME REGARDE. IL SAIT QUE JE L'OBSERVE."
"JE N'EN PEUX PLUS DE TOMBER, MAIS QUE PUIS-JE Y FAIRE ?"

!
OH, FISTON! TU AS FAIM? TU VEUX UN MORCEAU?
L'ARÉTIN? JE... JE VOUS CROYAIS MORT...
HÉLAS OUI... UN RIRE DE TROP ET LE CŒUR A CÉDÉ! BOUM! ON M'AVAIT AVERTI DE FAIRE ATTENTION, MAIS QUE VEUX-TU? J'AI TOUJOURS VOULU N'EN FAIRE QU'À MA TÊTE...
PEUT-ÊTRE... MAIS VOUS AVEZ EU UNE BELLE VIE...
C'ÉTAIT LE TEMPS DES PIRATES, VOILÀ LA VÉRITÉ... ENFIN, JE M'EN FICHE À PRÉSENT!
LE TEMPS DES PIRATES...
PRENDS DONC. JE N'EN AI PLUS AUCUNE UTILITÉ...
RIEN À DIRE, IL ME VA COMME UN PINCEAU!
PARFOIS, IL FAUT SAVOIR FORCER LES CHOSES... JE VEUX DIRE... POUR OBTENIR CE QU'ON VEUT, ON NE PEUT PAS TOUJOURS SUIVRE LES RÈGLES.
VOUS PARLEZ DU CONCOURS?
"J'AI UNE IDÉE... ÇA TE DIT DE L'ENTENDRE?"

UN MOIS PLUS TARD, DANS LA NUIT DU 26 JUIN 1564.
MAIS UNE FOIS ARRIVÉS… JE N'AI PAS L'IMPRESSION QU'ENTRER SERA AUSSI SIMPLE…
NE T'INQUIÈTE PAS… MES CONTACTS À L'INTÉRIEUR NOUS ONT OUVERT LA VOIE…
EXPLORATEURS, ÉCOUTEZ-MOI BIEN! AU PROCHAIN CROISEMENT, ON TOURNE À DROITE!
ON Y EST!
C'EST CETTE FENÊTRE!
FAISONS TRÈS ATTENTION… JACOPO, TU GRIMPES EN PREMIER. ON TE PASSE ENSUITE LE PAQUET…
HO HIIISSE!
TOUT LE MONDE EST LÀ?
ET MAINTENANT, MAMAN?

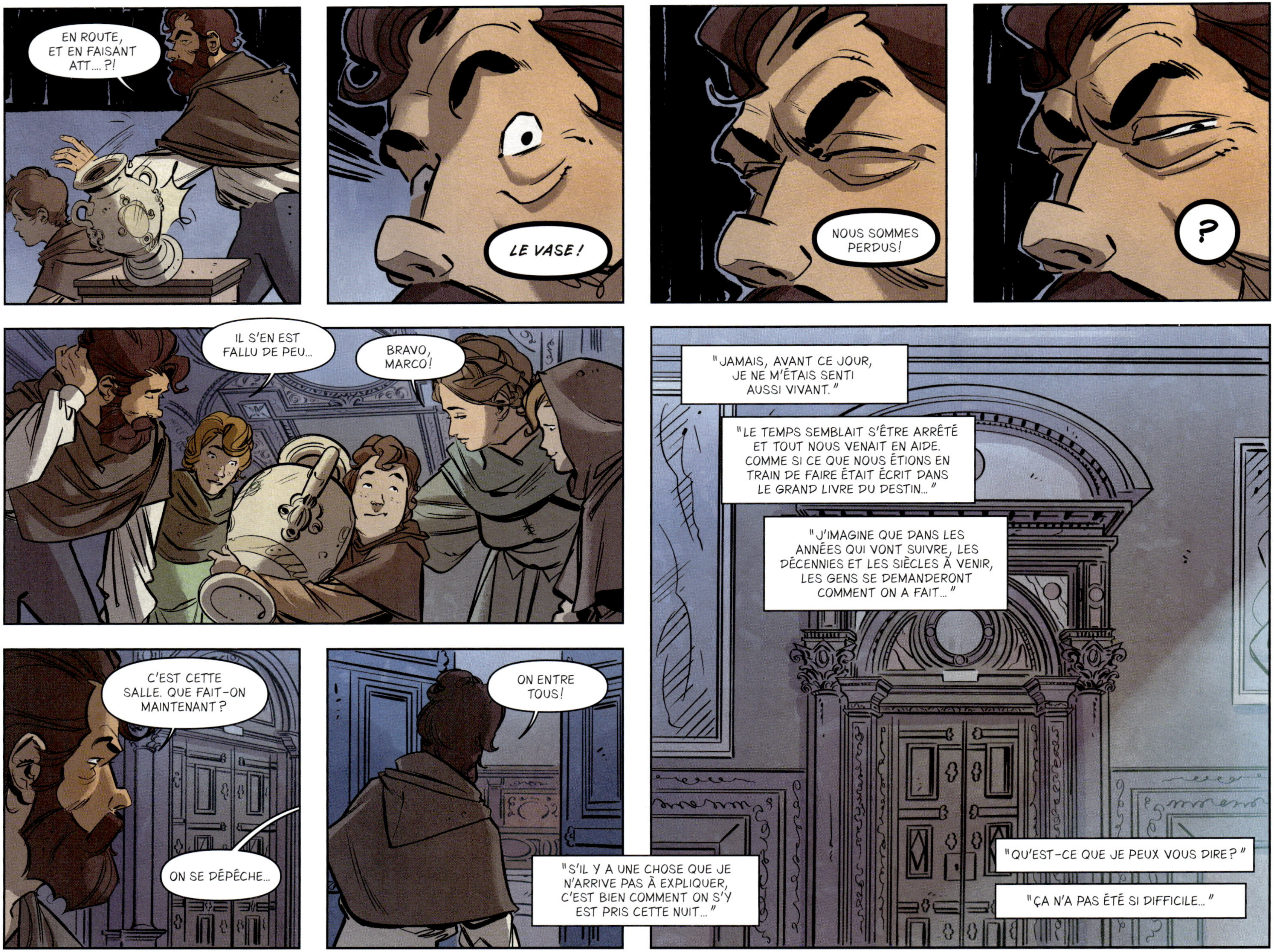
EN ROUTE, ET EN FAISANT ATT... ?!
LE VASE !
NOUS SOMMES PERDUS!
?
IL S'EN EST FALLU DE PEU...
BRAVO, MARCO!
"JAMAIS, AVANT CE JOUR, JE NE M'ÉTAIS SENTI AUSSI VIVANT."
"LE TEMPS SEMBLAIT S'ÊTRE ARRÊTÉ ET TOUT NOUS VENAIT EN AIDE. COMME SI CE QUE NOUS ÉTIONS EN TRAIN DE FAIRE ÉTAIT ÉCRIT DANS LE GRAND LIVRE DU DESTIN..."
"J'IMAGINE QUE DANS LES ANNÉES QUI VONT SUIVRE, LES DÉCENNIES ET LES SIÈCLES À VENIR, LES GENS SE DEMANDERONT COMMENT ON A FAIT..."
C'EST CETTE SALLE. QUE FAIT-ON MAINTENANT ?
ON SE DÉPÊCHE...
ON ENTRE TOUS!
"S'IL Y A UNE CHOSE QUE JE N'ARRIVE PAS À EXPLIQUER, C'EST BIEN COMMENT ON S'Y EST PRIS CETTE NUIT..."
"QU'EST-CE QUE JE PEUX VOUS DIRE ?"
"ÇA N'A PAS ÉTÉ SI DIFFICILE..."

SCUOLA GRANDE DI SAN ROCCO,
SALLE DE L'AUBERGE.
26 JUIN 1564, DANS LA MATINÉE.
"L'ÉCOLE A LANCÉ UN CONCOURS..."
"NOUS AVONS DEMANDÉ UNE ESQUISSE À TROIS PEINTRES..."
"NOUS PENSIONS CHOISIR LE MEILLEUR. LA MAJORITÉ AURAIT DÉCIDÉ..."
"ALORS QUE..."

"LE TINTORET..."
"SA TOILE. ACHEVÉE. LIVRÉE ET FIXÉE..."
SAINT ROCH EN GLOIRE
"PERSONNE N'AVAIT JAMAIS PRIS DE TELLES LIBERTÉS..."
"PERSONNE NE S'ÉTAIT PERMIS DE JOUER AVEC LES RÈGLES, DE LES IGNORER, DE S'EN MOQUER, DE LES PIÉTINER."
"LUI L'A FAIT."
"IL A VIOLÉ CE LIEU..."

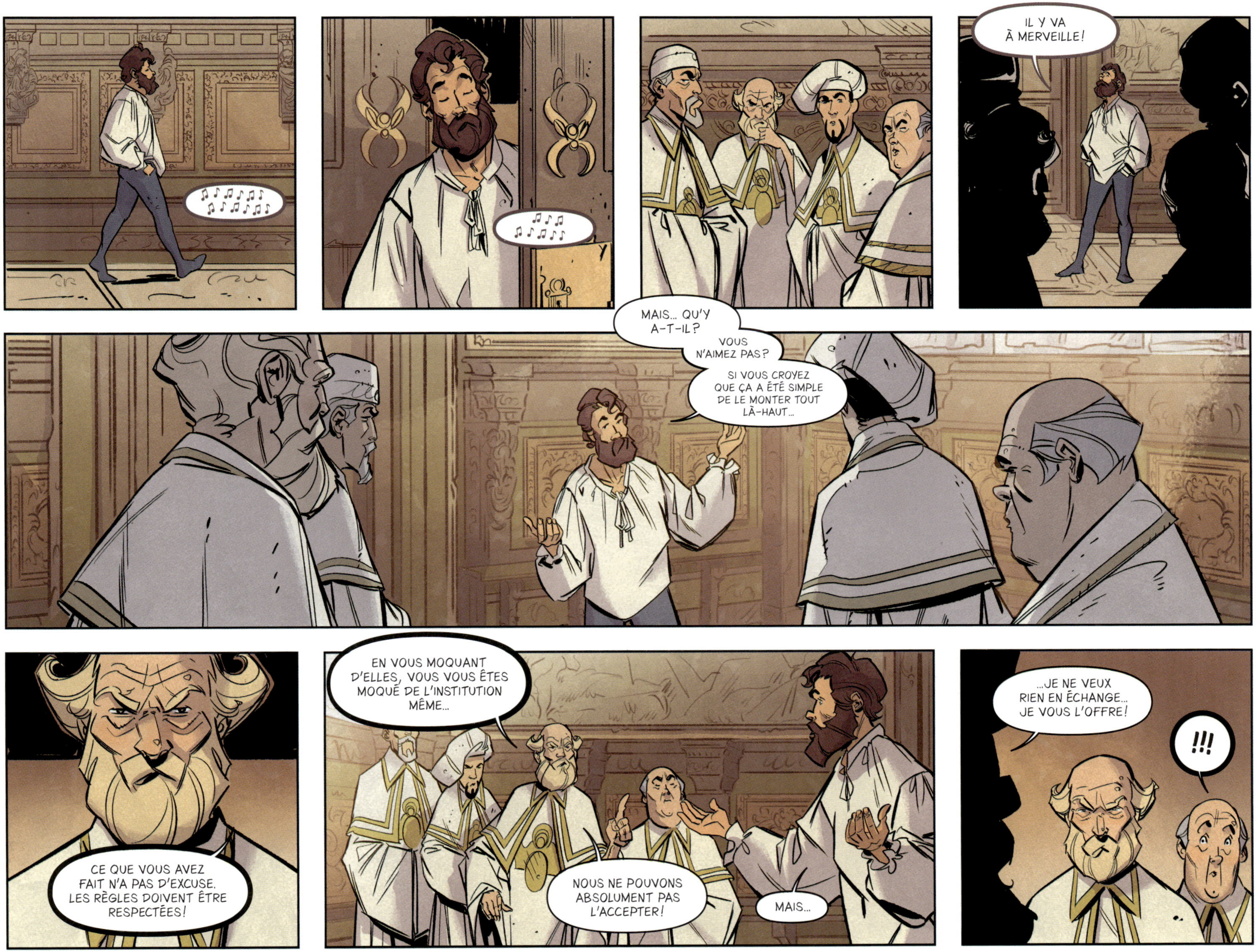

IL Y VA À MERVEILLE!
MAIS... QU'Y A-T-IL?
VOUS N'AIMEZ PAS?
SI VOUS CROYEZ QUE ÇA A ÉTÉ SIMPLE DE LE MONTER TOUT LÀ-HAUT...
CE QUE VOUS AVEZ FAIT N'A PAS D'EXCUSE. LES RÈGLES DOIVENT ÊTRE RESPECTÉES!
EN VOUS MOQUANT D'ELLES, VOUS VOUS ÊTES MOQUÉ DE L'INSTITUTION MÊME...
NOUS NE POUVONS ABSOLUMENT PAS L'ACCEPTER!
MAIS...
...JE NE VEUX RIEN EN ÉCHANGE... JE VOUS L'OFFRE!
!!!

EN EFFET... FAUT-IL TOUJOURS ÊTRE SI STRICT ?
?
QUE VOULEZ-VOUS DIRE ?
VENEZ VOIR...
MAIS LE RÈGLEMENT...
ALLONS FAIRE UN TOUR...
MAÎTRE ! QUEL TRAVAIL SUBLIME !
L'ÉCOLE ACCEPTE HUMBLEMENT VOTRE DON !
"TELLE EST L'HISTOIRE. CHERCHEZ DANS LES LIVRES. VENEZ À VENISE."
"LES RÉVÉRENCES ÉTAIENT PEUT-ÊTRE MOINS FRANCHES... TANT D'ANNÉES ONT PASSÉ DEPUIS..."
"L'HISTOIRE EST DEVENU UN RÉCIT. MON RÉCIT..."
"NON SEULEMENT ILS ACCEPTÈRENT MON *SAINT ROCH*, MAIS L'ANNÉE SUIVANTE, JE DEVINS À MON TOUR UN CONFRÈRE, ET JE ME MIS À PEINDRE DANS CETTE MÊME SALLE, LA *CRUCIFIXION*..."
"LES CHOSES COMMENÇAIENT ENFIN À TOURNER DANS LE BON SENS..."
"ET POURTANT..."
"IL Y A TOUJOURS UN MAIS..."

"CETTE PART OBSCURE ET SAUVAGE QUI SE TERRE EN MOI, SI JE ME SOUVIENS BIEN, M'A CONDUIT JUSQU'À SON ATELIER."
"C'EST ICI QUE TRAVAILLE LE GÉANT, LE DIEU DE LA PEINTURE, LE GRAND HOMME?
J'AI TOUJOURS SU QUE JE TE REVERRAI UN JOUR...
TU AS AIMÉ LE TABLEAU?
MON ASCENSION AU CIEL? LES CHOSES SE SONT PASSÉ UN PEU DIFFÉREMMENT...
LES CHOSES NE SONT JAMAIS CE QUE L'ON RACONTE...
J'AI TRICHÉ, C'EST VRAI... VOUS ÊTES ICI POUR ME JUGER?
MOI? JE M'EN GARDE BIEN... JE ME DEMANDE JUSTE CE QUE TU FAIS ICI...
"JE... JE NE SAIS PAS CE QUI M'A PRIS..."
QU'ATTENDS-TU DE LUI?
CE QUE J'ATTENDS DE LUI?

IL M'A VU !
C'EST VOUS, LE FILS DU TEINTURIER ?
LE MAÎTRE M'A PRIÉ DE VOUS REMETTRE CE BILLET...
?
"VOS MÉTHODES DE PIRATE VOUS ONT PERMIS UNE PETITE GLOIRE..."
"MAIS NE VOUS FAITES PAS D'ILLUSIONS. VOUS NE VALEZ PAS PLUS QUE CE QUE JE VOUS AI DIT."
ALLONS BON...

CHAPITRE 4 : 1575-1576

LA MORT NOIRE

LA MORT S'EST ABATTU SUR VENISE. LE TERRIBLE MAL A FAIT SON APPARITION DANS LA LAGUNE...

JACOPO EST RECONNU COMME UN GRAND PEINTRE. LA *SCUOLA GRANDE DI SAN ROCCO* VA BIENTÔT DEVENIR LE TEMPLE DE LA PEINTURE...

...ET POURTANT, QUELQUE CHOSE AGRIPPÉ À SON CŒUR L'ENTRAÎNE DANS LES PROFONDEURS!

VENISE, SAN MARZIALE, JUIN 1575. À VENISE, ON COMMENCE À MOURIR DE LA PESTE.
DE PLUS EN PLUS, LES PORTES D'ENTRÉE SONT MARQUÉES D'UNE CROIX DE CRAIE...
...LE SIGNE D'UNE RÉCENTE CONTAMINATION!
FILONS D'ICI, BEPI; J'AI UN MAUVAIS PRESSENTIMENT...
QU'EST-CE QUE TU RACONTES, JE LES CONNAISSAIS BIEN... JE TE DIS QU'IL Y A UN TRÉSOR CACHÉ ICI...

REMUE-TOI, BON SANG ! JE N'AI PAS L'INTENTION DE RESTER LONGTEMPS DANS CE TROU À RATS !
IL N'Y A PLUS QUE CETTE CHAMBRE... IL DOIT ÊTRE ICI ! ALLONS-Y, CHERCHONS !
AH !
AH !
VITE ! CETTE BÊTE EST SÛREMENT INFECTÉE !

"PERSONNE N'A LE COURAGE DE PRONONCER CE MOT À HAUTE VOIX, ET POURTANT, IL EST SUR TOUTES LES LÈVRES."
"MÊME QUAND LES BOUCHES SONT FERMÉES, QUAND LES LÈVRES SONT MORDUES AU SANG..."
BONJOUR...
"...ON Y LIT TRÈS BIEN, CE MOT, DE FAÇON CLAIRE ET INNOCENTE."
"LA PESTE!"
"UN MOT DONT TOUT LE MONDE A PEUR."
"...C'EST AINSI QUE NOUS NOUS RETROUVONS TOUS DANS LES BRAS DE SAINT ROCH, LE SAINT THAUMATURGE QUI PROTÈGE LES MALADES CONTAMINÉS..."

LAISSEZ-NOUS ENTRER!
!
LAISSEZ-NOUS ENTRER!
POUR L'AMOUR DE DIEU, NE POUSSEZ PAS!
LAISSEZ-NOUS ENTRER!
LAISSEZ-NOUS ENTRER!
LAISSEZ-NOUS ENTRER!
OUVREZ! JE SUIS LE TINTORET, LE PEINTRE! OUVREZ-MOI!
ENTREZ, VITE!
C'EST COMME ÇA DEPUIS CE MATIN, DÈS L'AUBE. ON N'EST PAS ASSEZ NOMBREUX, ON NE TIENT PLUS!
ET CE N'EST PAS PRÈS DE S'ARRÊTER. LA PEUR EST GÉNÉRALE!
MON DIEU!

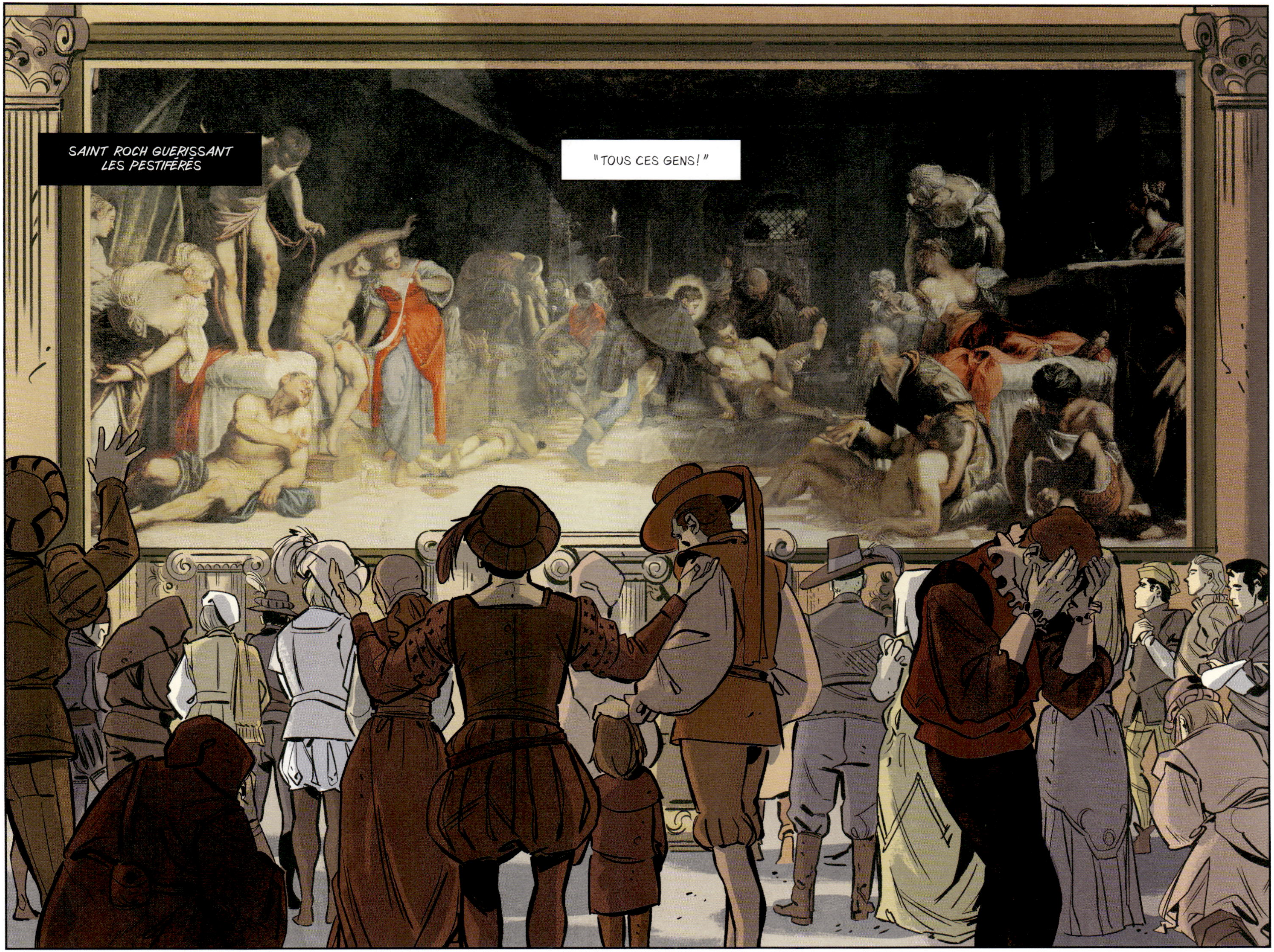
SAINT ROCH GUERISSANT LES PESTIFÉRÉS
"TOUS CES GENS!"

ILS ONT PEUR !
!
ENVOLÉ !
ATTENDEZ !
?

...
"CE QUE JE VIS ME REMPLIT DE STUPEUR... SAINT ROCH SEMBLAIT ÉPROUVÉ PAR LA SOUFFRANCE QU'IL N'ARRIVAIT PAS LUI-MÊME À ARRÊTER..."
"C'EST ALORS QUE CETTE DIGUE QUE J'AVAIS POSITIONNÉE AUTOUR DE MES PLUS GRANDES PEURS, S'ÉCROULA..."
LE TINTORET, ATTENDEZ!
"PUIS, COMME D'HABITUDE..."
"...LE SAINT A DISPARU..."
"...ME LAISSANT SEUL."
VENISE, SAN MARZIALE, DEMEURE DU TINTORET.
MAIS OÙ L'AI-JE MISE?!

LE NOTAIRE EST VENU AUJOURD'HUI POUR LA PROPRIÉTÉ DE CARPENEDO...
POURTANT, ELLE ÉTAIT LÀ... OÙ EST-ELLE PASSÉE? C'EST PEUT-ÊTRE UN DES GAMINS QUI L'A PRISE...
TU M'ÉCOUTES?
MA STATUETTE... LA STATUETTE DE SAINT ROCH...
TU NE L'AURAIS PAS VUE?
!
ELLE S'EST BRISÉE...!
C'EST UN SIGNE NÉFASTE!
OUAH! OUAH!
MAIS, CE CHIEN...
"IL ÉTAIT AVEC SAINT ROCH... SUR LA PLACE, TOUT À L'HEURE!"
"QUE PEUT-IL ME VOULOIR? QUE DOIS-JE FAIRE?"
ET OÙ VAS-TU À PRÉSENT?
QU'EST-CE QUE TU ME VEUX?
QUE JE TE SUIVE? OU M'ENTRAÎNES-TU?

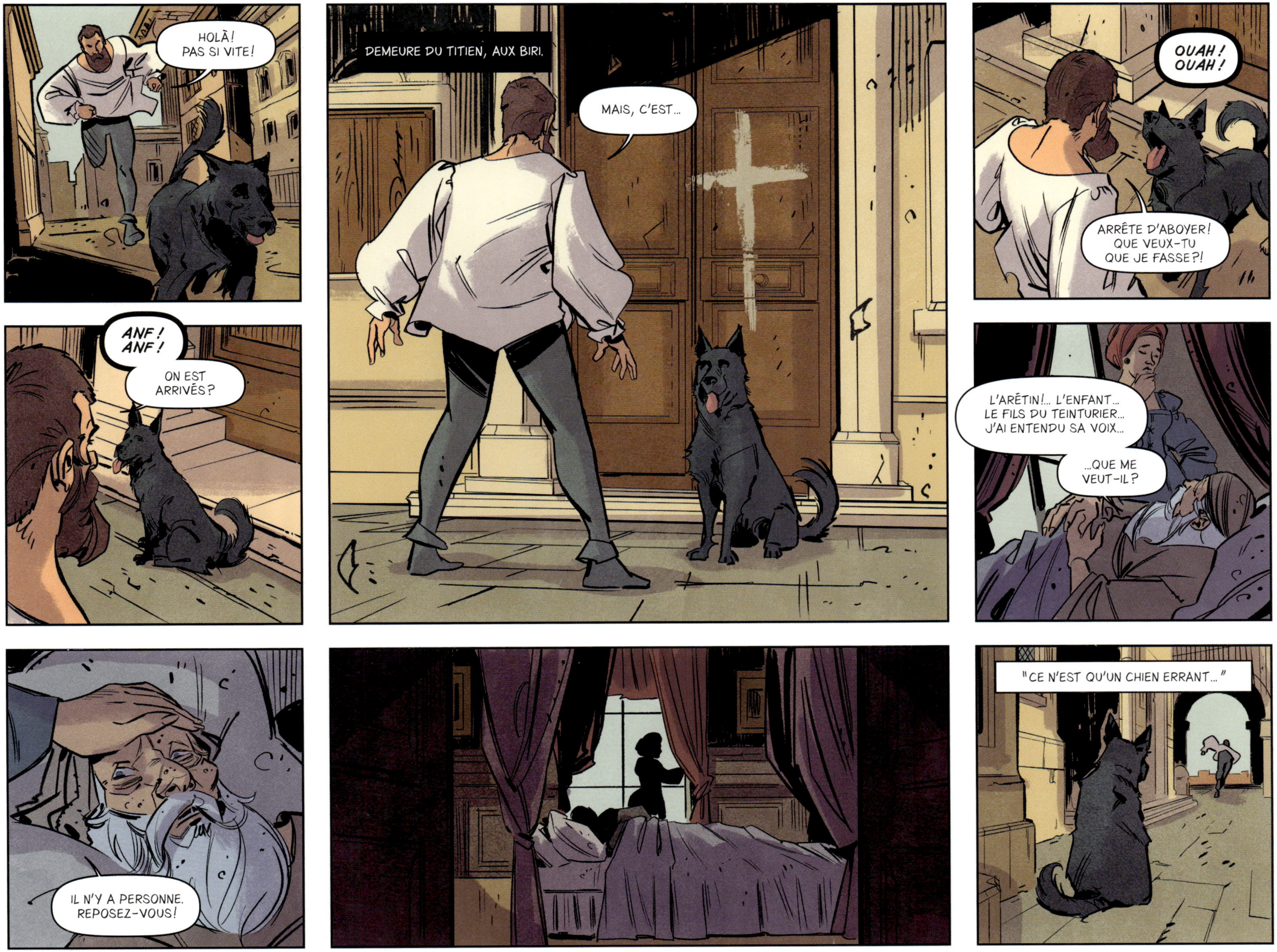
HOLÀ! PAS SI VITE!
DEMEURE DU TITIEN, AUX BIRI.
MAIS, C'EST...
OUAH! OUAH!
ARRÊTE D'ABOYER! QUE VEUX-TU QUE JE FASSE?!
ANF! ANF!
ON EST ARRIVÉS?
L'ARÉTIN!... L'ENFANT... LE FILS DU TEINTURIER... J'AI ENTENDU SA VOIX...
...QUE ME VEUT-IL?
IL N'Y A PERSONNE. REPOSEZ-VOUS!
"CE N'EST QU'UN CHIEN ERRANT..."

JACOPO, IL RESTE UNE QUANTITÉ DE RIZ EN CANTINE, ET QUELQUES BOUTEILLES DE VIN...
LAISSE-MOI LE VIN, ET PRENDS LE RIZ.
MAIS... ET TOI, QU'EST-CE QUE TU MANGERAS ?
NE T'EN FAIS PAS POUR MOI, FAUSTINA... JE ME DÉBROUILLERAI !
FAIS ATTENTION À TOI, CHÉRI ! REJOINS-NOUS DÈS QUE TU PEUX !
POURQUOI PAPA NE VIENT PAS AVEC NOUS ?
C'EST BON, ON EST PRÊTS... MIEUX VAUT PARTIR SANS TARDER !
SOYEZ BRAVES ET OBÉISSEZ À VOTRE MÈRE...
JE T'AI LAISSÉ QUELQUES BOUTEILLES D'ÉLIXIR...

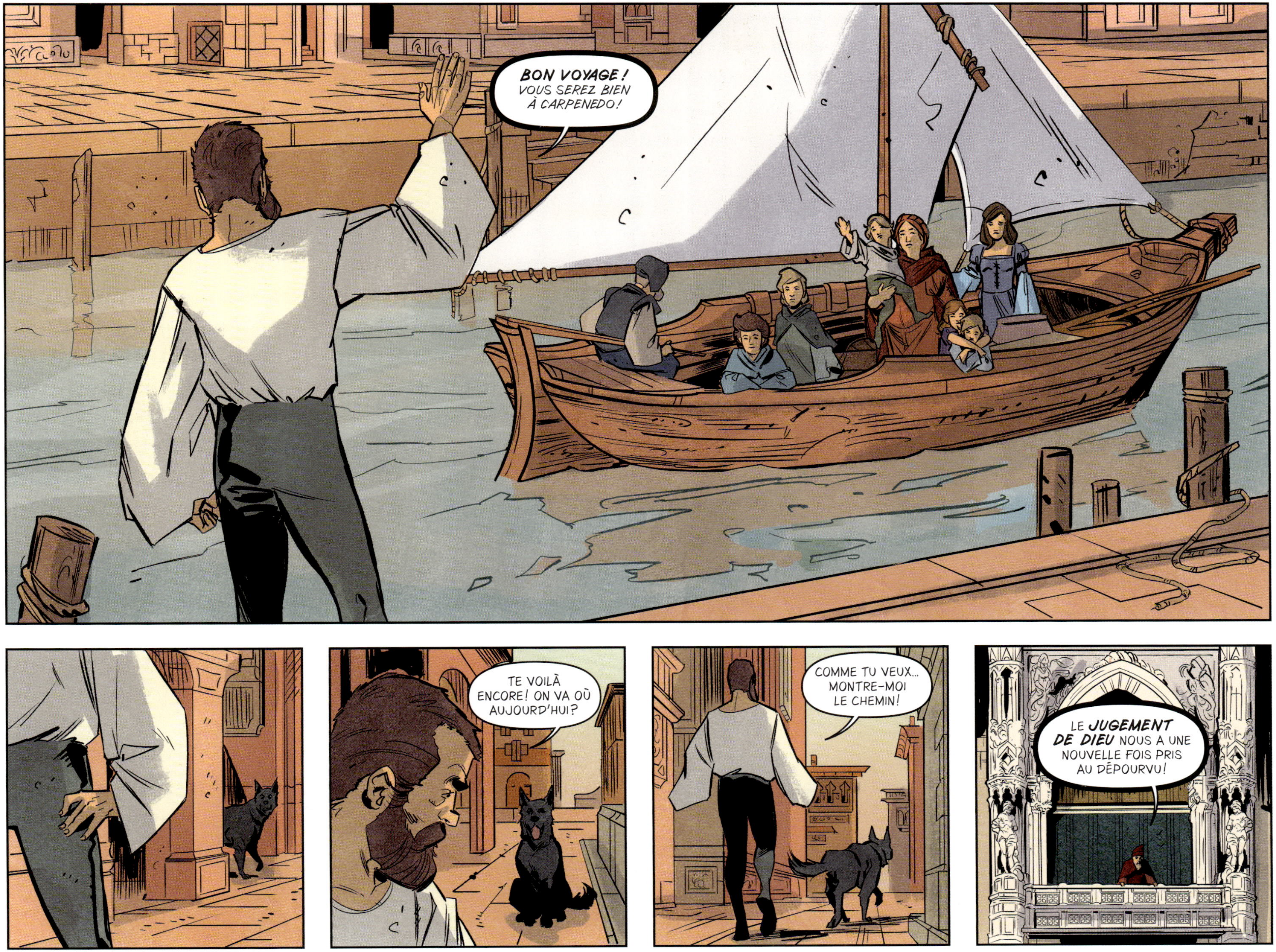
BON VOYAGE ! VOUS SEREZ BIEN À CARPENEDO !
TE VOILÀ ENCORE! ON VA OÙ AUJOURD'HUI?
COMME TU VEUX... MONTRE-MOI LE CHEMIN!
LE JUGEMENT DE DIEU NOUS A UNE NOUVELLE FOIS PRIS AU DÉPOURVU!

"...SI, AVEC LE BAPTÊME, LE PÉCHÉ EST ÉRADIQUÉ À L'ENFANCE, LA VIE DE L'HOMME L'EXPOSE À LA VÉRITÉ DE SA PROPENSION AU MAL..."
"...LE PÉCHÉ REVIENT, COMME UNE ÉPIDÉMIE, FORT, RÉSISTANT, MORTEL..."

"ET QUAND LA FRAGILITÉ INTRINSÈQUE DE L'HOMME EST MISE À L'ÉPREUVE, CETTE UNIQUE RESSOURCE EST LA SEULE QUI PUISSE L'AIDER À SURVIVRE..."
"AU CHRIST RÉDEMPTEUR, NOUS DÉDIONS LA CONSTRUCTION D'UNE NOUVELLE ÉGLISE SUR L'ÎLE DE LA GIUDECCA..."

"LE DOGE ALVISE MOCENIGO..."
"...IL NE MANQUE PAS DE COURAGE À PARLER PUBLIQUEMENT AUX VÉNITIENS..."
"ILS CROIENT TOUS QU'IL PORTE LA POISSE, ET QUE LA PESTE NE SERA PAS VAINCUE TANT QU'IL RESTERA EN VIE..."
"MALGRÉ CELA, TOUT LE MONDE L'ÉCOUTE, EN SILENCE. QU'ATTENDENT-ILS? SONT-ILS TOUS RÉSIGNÉS À MOURIR?"
MAIS VA AU DIABLE, TOI ET LES TIENS!
"AH, ENFIN... LA FOULE S'EST RÉVEILLÉE!"
LE CHIEN...
J'AI PERDU LE CHIEN!

TOUT EST PRÊT...
"VOUS ÉTIEZ VOUS AUSSI SUR LA PLACE, HIER, N'EST-CE PAS? J'AI CRU VOUS APERCEVOIR. VOUS AVEZ ENTENDU VOUS AUSSI, ALORS. CHAQUE FOIS QUE JE FERME LES YEUX, J'AI L'IMPRESSION D'ENTENDRE À NOUVEAU CE HURLEMENT."
ILS SONT TERRORISÉS ET CHERCHENT UN BOUC ÉMISSAIRE...
PARDONNEZ-MOI, MAIS AUJOURD'HUI, JE N'EN AI PAS LA FORCE...
ET S'ILS AVAIENT RAISON? NE SERAIT-CE PAS MIEUX POUR TOUS SI JE MOURRAIS, CETTE NUIT MÊME?
VOUS NE POUVEZ PAS... VOTRE PORTRAIT M'A DÉJÀ ÉTÉ PAYÉ...
HÉ HÉ...
ET VOUS, COMMENT ALLEZ-VOUS?
CES JOURS DERNIERS, JE PENSE BEAUCOUP À MA VIE... À LA FORCE QUI L'A GUIDÉE SANS QUE JE N'Y COMPRENNE RIEN...

...À TOUT CE QUI M'A ENTRAÎNÉ AUX LIMITES DE L'ILLICITE... ET PEUT-ÊTRE AU-DELÀ, POUR ÊTRE TOUT À FAIT FRANC...
VOTRE RÉPUTATION EST... COMMENT DIRE... PLUTÔT CONTROVERSÉE...
ON M'A TRAITÉ DE PIRATE...
JE L'AI LU... ET AUJOURD'HUI?
...VOUS AVEZ DES REMORDS?
"VOUS SOUHAITEZ ÊTRE ACQUITTÉ PAR CETTE LOI QUE VOUS AVEZ TELLEMENT CONTOURNÉE?"
PARDONNEZ-MOI POUR CETTE IMPARDONNABLE CONFESSION...
PARTEZ, LE TINTORET! VOUS REVIENDREZ LA SEMAINE PROCHAINE, ET NOUS FINIRONS CE QUE NOUS AVONS COMMENCÉ...
IL N'Y A QU'UNE CHOSE QUE NOUS PUISSIONS FAIRE MAINTENANT : RÉSISTER ET SERRER LES DENTS...
"...ET NE PENSER À RIEN D'AUTRE QUE SURVIVRE..."

"...BIEN QUE LA MORT AIT DÉJÀ GAGNÉ, ET QUE LES SURVIVANTS NE SERONT RIEN D'AUTRE QUE DES MORTS ÉPARGNÉS..."
?
"UNE MACABRE VISION..."
AHHHH !
"UN PRÉSAGE DE MORT..."
"PUIS, L'HUMIDE RÉVEIL..."
J'AI L'IMPRESSION QUE TU AVAIS RAISON...
"IL EST TEMPS D'ALLER LE VOIR !"

HEY, DOUCEMENT !
J'AI COMPRIS, J'AI COMPRIS... D'ACCORD, J'ENTRE !
QUELLE DÉSOLATION !
DEMEURE DU TITIEN AUX BIRI.
QUI ÊTES-VOUS ? QUE VOULEZ-VOUS ? IL N'Y A PLUS RIEN...
...ILS ONT DÉJÀ TOUT VOLÉ !
N'AYEZ PAS PEUR, JE SUIS SON AMI...
L'ARÉTIN, MAUDITE SANGSUE ! TU VAS FINIR PAR ME TUER !
VENEZ...

TU AS ENFIN LE COURAGE DE TE MONTRER, VIL TOSCAN!
IL NE S'AGIT PAS DE...
EN QUOI PUIS-JE T'ÊTRE UTILE, MON AMI?
ÇA FAIT LONGTEMPS QUE JE N'AI PAS EU DE NOUVELLES DE L'EMPEREUR, MAIS...
...QUE T'EST-IL ARRIVÉ, L'ARÉTIN? TU ES MALADE? VOIS COMME TU AS MAIGRI...
LA FORNICATION T'ENTRAÎNERA DANS LA TOMBE!
HÉ! HÉ! HÉ!
L'EMPEREUR TE SALUE ET ESPÈRE RECEVOIR UN AUTRE DON DE TON ART...
CE VIEUX RENARD! RADIN COMME PAS UN, MAIS UN SACRÉ HOMME, ÇA OUI!
LAISSEZ-NOUS SEUL, S'IL VOUS PLAÎT...
REGARDE-MOI BIEN... TE RAPPELLES-TU DU TEINTURIER DE BRESCIA? CE JACOPO QUE TU AS CHASSÉ DE TON ATELIER AU BOUT D'UNE SEMAINE...
LE TINTORET, OUI, OUI. JE TE L'AVAIS DIT QU'IL NOUS AURAIT DONNÉ DU FIL À RETORDRE...
TU AS TOUJOURS TENU À CE GARÇON... QUE SE PASSE-T-IL, L'ARÉTIN? POURQUOI TOUTES CES QUESTIONS?
MAIS TU...
TU N'ES PAS...

VOTRE AMI L'ARÉTIN EST MORT DEPUIS UNE VINGTAINE D'ANNÉES... ET VOUS ÊTES GRAVEMENT MALADE... VOUS CONFONDEZ...
L'ARÉTIN EST MORT...
OUI... ON ME L'AVAIT DIT...
MAIS QU'EST-CE QUE JE FAIS...
ET VOUS, VOUS ÊTES... CET ENFANT!
AH...
VOUS ÊTES VENU VOUS VENGER? POUR ME VOIR MOURIR, AVEUGLE, ABANDONNÉ DE TOUS?
NON, JE NE SUIS PAS VENU POUR CELA...
JE SAIS BIEN QUE MOI AUSSI, JE POURRAIS MOURIR D'UN MOMENT À L'AUTRE!
ALORS POURQUOI...?

POURQUOI?
QUE ME REPROCHEZ-VOUS? VOUS AVEZ OBTENU L'ARGENT ET LA GLOIRE... ÇA NE VOUS SUFFIT PAS?
QUE VOULEZ-VOUS DE MOI?
JE VEUX LA LIBERTÉ!
"JE NE COMPRENDS PAS..."
TOUTE MA VIE, UN DÉMON M'A ACCOMPAGNÉ...
UN DÉMON QUI M'A CONTRAINT À PEINDRE SANS TRÊVE...
JE ME SUIS TRAVESTI EN PIRATE, POUR CALMER CE FEU QUI NE CESSAIT DE BRÛLER. ET QUAND IL S'ÉTEIGNAIT UN COURT INSTANT...
DANS LES CENDRES QUI RESTAIENT AU FOND DE MA VIE, LE DÉMON TRAÇAIT LA RÉPONSE QUE JE CRAIGNAIS TANT...
JE POUVAIS LIRE "L'ART EST UNE AUTRE CHOSE", ET "PERSONNE NE SE SOUVIENDRA DE TOI".

C'EST DONC CELA... VOUS VOULEZ ÊTRE SÛR QU'ON SE SOUVIENDRA DE VOUS...
...C'EST L'IMMORTALITÉ QUE VOUS CHERCHEZ, DANS CETTE PIÈCE, À CET INSTANT...
OUI, ET VOUS DEVEZ ME CONCÉDER CETTE IMMORTALITÉ. JE NE PEUX L'ACCEPTER QUE DE VOUS.
"VOUS ME FLATTEZ, MAIS JE NE SAIS PAS SI..."
OUAH ! OUAH !
OH, ÇA VA... J'AI COMPRIS !
OUVREZ CETTE ARMOIRE... CE QUE VOUS Y TROUVEREZ POURRAIT ÊTRE, À VOS YEUX, UN MORCEAU DE CETTE LIBERTÉ QUE VOUS CHERCHEZ...
MAIS, C'EST...

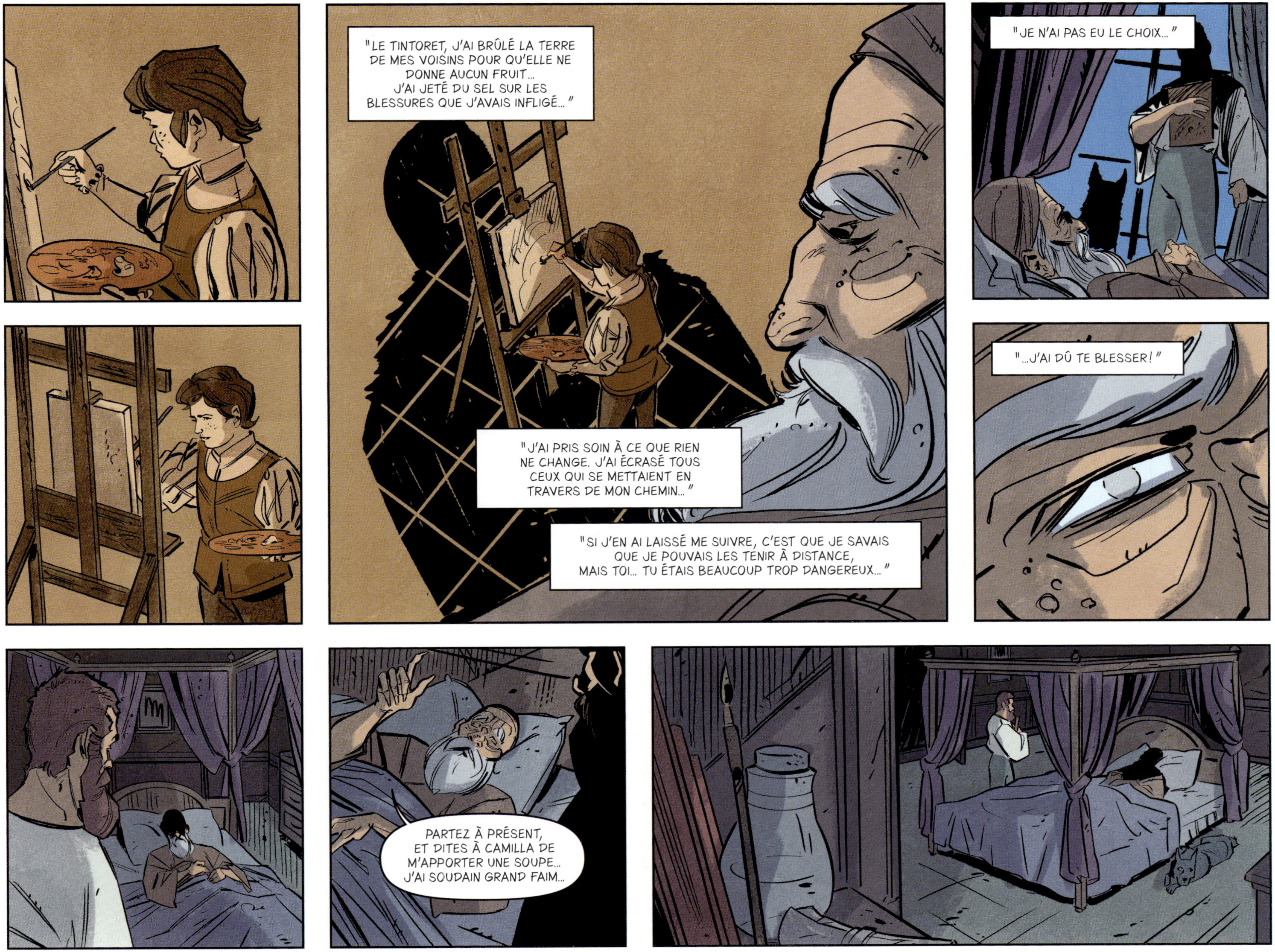
"LE TINTORET, J'AI BRÛLÉ LA TERRE DE MES VOISINS POUR QU'ELLE NE DONNE AUCUN FRUIT... J'AI JETÉ DU SEL SUR LES BLESSURES QUE J'AVAIS INFLIGÉ..."
"J'AI PRIS SOIN À CE QUE RIEN NE CHANGE. J'AI ÉCRASÉ TOUS CEUX QUI SE METTAIENT EN TRAVERS DE MON CHEMIN..."
"SI J'EN AI LAISSÉ ME SUIVRE, C'EST QUE JE SAVAIS QUE JE POUVAIS LES TENIR À DISTANCE, MAIS TOI... TU ÉTAIS BEAUCOUP TROP DANGEREUX..."
"JE N'AI PAS EU LE CHOIX..."
"...J'AI DÛ TE BLESSER!"
PARTEZ À PRÉSENT, ET DITES À CAMILLA DE M'APPORTER UNE SOUPE... J'AI SOUDAIN GRAND FAIM...

EPILOGUE: 1586

TOUTE HISTOIRE A UNE FIN

VIVA! LA PESTE N'EST PLUS!
VENISE REPREND SON EXISTENCE FRÉNÉTIQUE...

LA MORT DU TITIEN A CONSACRÉ JACOPO.
DEVENU LE PLUS GRAND PEINTRE DE LA RÉPUBLIQUE...

... IL PROFITE ENFIN, L'ESPRIT SEREIN,
DES RUES ANIMÉES DE SA VILLE.

VENISE, 1586.
"JE REGARDE LA VILLE, ET JE CROIS ASSISTER À UN MIRACLE."
"JE VOIS DES HOMMES ET DES FEMMES ACTIFS, LABORIEUX, VIVANTS."
"QUANT À MOI, L'ANTIQUE DÉMON QUI HABITAIT MES NUITS SANS SOMMEIL CONSACRÉES AVEC FUREUR AU TRAVAIL, S'EN EST FINALEMENT ALLÉ..."
"NE CROYEZ PAS, CEPENDANT, QUE J'AIE ARRÊTÉ DE TRAVAILLER DUR."
"...MAIS AUJOURD'HUI, QUAND JE PRENDS UN PINCEAU DANS LES MAINS, QUAND J'AJOUTE DE L'HUILE AUX PIGMENTS, OU QUAND J'IMAGINE UNE COMPOSITION AVEC MES MARIONNETTES..."

"...JE SOURIS!"
SCUOLA GRANDE DI SAN ROCCO. PLUS DE 80 TOILES DU TINTORET FONT D'ELLE UN TEMPLE DE SA PEINTURE...
DES VOYAGEURS DU MONDE ENTIER RENDENT ICI HOMMAGE À L'ART VÉNITIEN.
VOILÀ LE MAÎTRE!
AH, C'EST VRAI... LA DÉLÉGATION DE CIPANGO!
AH!
そです!
こんにちわ、せんせい!
?
BAH!
どうぞ..
DIABLE!
ありがとうございますた!
!

PAR ICI,
JE VOUS PRIE!

TIENS!
QUI EST LE VAURIEN...?!

QUELQUES MOTS

PROLOGUE, PAGE 9
De la soie et des teinturiers

À Venise, le « métier de la soie » était un secteur si vital pour le bien-être économique de la ville que des lois protectionnistes étaient appliquées par un système hiérarchique où les rôles de chacun étaient précisément attribués. Au sommet de ce système, les marchands de soie, qui doivent être inscrits dans un registre tenu par l'**Office de la Soie**, dans l'église de San Giovanni Crisostomo. La moindre quantité de soie doit être enregistrée avant de passer aux teinturiers et aux tisseurs. Dès 1457, selon la loi, on ne peut utiliser que des couleurs pures, et à chaque pan de soie, du plus brut au plus fin, correspond un type précis de colorant. Ce contrôle sur la qualité a l'ambition de protéger la production contre les contrefaçons des autres manufactures, de Milan, de Florence et de Lucques, qui vendaient des pans de soie à des prix inférieurs. Le travail du teinturier est physique et très épuisant. Ceux qui le pratiquent étaient en général issus du peuple, et très souvent fraîchement débarqués en ville. Ils y trouvent un certain avantage. En plus de la paye, bien entendu, ils peuvent profiter d'un endroit pour dormir : les pans de soie et les colorants sont si précieux qu'une surveillance est obligatoire de nuit.

« Les teinturiers étaient en général issus du peuple, et très souvent fraîchement débarqués en ville. »

PROLOGUE, PAGE 11
Des couleurs dans la Venise de 1500

Pour le Tintoret et ses contemporains, les couleurs sont quelque chose de très concret, car très ancrées à leur nature matérielle, et très souvent onéreuses. Dans une cité à vocation commerciale comme Venise, un aspirant artiste peut se procurer des pigments qui arrivent des contrées les plus lointaines : **le bleu marine**, notamment, se faisaient avec le **Lapis-lazuli**, une pierre dure dont le seul gisement connu se trouvait en Afghanistan, et qui empruntait la route de la soie pour atteindre l'Italie. On comprend donc son prix et surtout son utilisation très parcimonieuse : utiliser le bleu marine n'est pas seulement un choix stylistique, mais une affirmation de richesse et de pouvoir. De la même façon que l'on fait la différence entre une pomme de terre et une truffe, les contemporains du Tintoret sont en mesure de comprendre le message qui se cache sous l'utilisation d'un noir à base de charbon et d'un bleu marine. Les couleurs sont souvent l'objet d'une négociation entre le peintre et le commanditaire, pour déterminer leur exacte utilisation dans les diverses parties de l'œuvre.
Une fois les pigments achetés sous forme de poudre, on les prépare : le Tintoret se les procure dans les échoppes du Rialto, fréquentées par les barbouilleurs de la ville. Il lie les pigments avec de l'huile de lin et les utilise jusqu'au dernier grain, allant même jusqu'à faire fondre sur le feu des restes de peintures, pour les recycler. Pour lui, l'art ne réside pas dans la matière première, mais dans l'esprit et dans les mains de l'artiste.

PROLOGUE, PAGE 11
Où l'on continue à parler de couleurs

Seules quelques matières premières permettaient, entre l'Antiquité et le XVIe siècle, d'obtenir différents degrés de rouge : Les grains de cinabre — une matière mortelle pour l'homme et extraite en Espagne —, des racines de *Rubia tinctorum*, la femelle du *kermès vermilio* — un insecte parasite du chêne Kermès —, le murex épineux — un mollusque méditerranéen —, la terre de Sienne. À l'époque de notre personnage, a lieu une révolution dans le « monde du rouge », qui dure encore aujourd'hui. Originaire d'Amérique du Sud, on importe en Europe le rouge de carmin, obtenu d'un insecte, un parasite du cactus, qui a un potentiel de teinture dix fois supérieur à celui du kermès.

> « Les grains de cinabre — une matière mortelle pour l'homme et extraite en Espagne —, racines de *Rubia tinctorum*, femelles des espèces kermès, le murex épineux — un mollusque méditerranéen —, la terre de Sienne. »

Le 9 février 1543 : le père du petit Tintoret était parvenu à consolider sa situation en tant que teinturier. Il avait reçu la charge de l'Office de la Soie et dû s'exprimer sur la qualité de ce nouveau colorant qui fut ensuite adopté partout en Europe et qui, par conséquent, révolutionna la couleur rouge.

PROLOGUE, PAGE 12
Des maîtres et de leurs ateliers

Avant que ne naissent les académies d'art, quand un enfant démontrait une certaine prédisposition artistique, il n'y avait qu'une voie : intégrer l'atelier d'un maître. Ces « ateliers » ne se différenciaient pas des boutiques des artisans : entre le maître, les assistants et les apprentis, il y avait un partage nette des tâches. Le jeune apprenti, âgé de douze ans généralement, commençait par les tâches les plus simples : nettoyer les pinceaux, moudre les couleurs, préparer les surfaces en bois à peindre. Il faisait ensuite les premiers dessins préparatoires et finissait par aider le maître dans des œuvres plus importantes.
L'apprentissage durait au moins six ans, au terme desquels, l'apprenti obtenait le titre d'« aide » (sorte d'assistant). Il pouvait alors choisir entre poursuivre dans le même atelier et se mettre à son compte, pour, un jour, ouvrir son propre atelier.

PROLOGUE, PAGE 12
De Girolamo, assistant

Le Titien n'aimait pas enseigner. Il a donc eu très peu d'assistants : en premier lieu, son frère Francesco, son véritable bras droit. Une autre figure importante est Girolamo Dente, originaire de Ceneda, dans la province de Trévise. Il fut accueilli comme un fils à l'atelier, et compta même parmi les invités du mariage entre le Titien et Cecilia, en 1525.
Girolamo a toujours été lié à son maître. À ce titre, Vasari le surnomme même « Girolamo du Titien ». En 1552, Ortensio Lando le considère comme un des plus grands peintres, ce qui nous permet de penser qu'il jouissait d'un prestige et que sa personnalité n'était pas totalement écrasée par celle du maître. Toujours grâce à Vasari, nous savons que jusqu'en 1566, Dente était actif auprès du maître. En plus de Francesco et de Girolamo, le Titien s'est entouré, les dernières années de sa vie, de son fils Orazio et de son neveu Marco.

PROLOGUE, PAGE 13
Où l'on parle de Tiziano Vecellio, le Titien

Tiziano Vecellio, nom italien du Titien, est né dans la province de Belluno, entre 1488 et 1490. À neuf ans, doué d'un extraordinaire talent, il est envoyé par ses parents à Venise, où il apprend à maîtriser la peinture à l'huile. Pendant son apprentissage, il se lie d'amitié avec Giorgione, son aîné de onze ans et lui-même élève de Bellini, pour qui il a travaillé comme assistant jusqu'en 1511, l'année de sa mort. Deux années plus tard, il refuse l'invitation à Rome du pape Léon X. Venise le récompense par un titre de « peintre officiel de la Sérénissime ». À ce titre, il s'occupe des portraits des doges et d'autres charges administratives. Son talent lui permet d'opérer dans plusieurs domaines : le portrait, mais aussi des œuvres d'art sacré, des sujets à caractère mythologique ou des thèmes allégoriques. Le Titien travaille pour les plus grandes maisons d'Italie et d'Europe : Este, Gonzaga, Della Rovere, sans oublier qu'il est l'artiste préféré de l'empereur du Saint-Empire, Charles Quint d'Habsbourg, qu'il représente à cheval dans l'une de ses plus célèbres œuvres. Dans ses dernières années d'activité, le Titien renonce aux couleurs lumineuses qui symbolisaient son style pour des teintes plus obscures et des effets de clairs obscurs tranchés. Il meurt de la peste en 1576, à plus de quatre-vingt dix ans, et laisse plus de six cent œuvres.

PROLOGUE, PAGE 15
De la grande fête de Saint Roch

Saint Roch, martyre français du XIVe siècle, était vénéré à Venise, où son corps arriva de Voghera en 1485. À l'époque, la *Scuola Grande di San Rocco* n'ayant pas encore de siège définitif, son corps est déposé dans l'église de San Geminiani, dans un premier temps, puis au Palazzo del Patriarca, jusqu'à son transfert dans l'église de Saint Roch le 3 mars 1490.

La dévotion à Saint Roch, qui semble avoir pris sa source à Montpellier, lieu de naissance et de martyre du saint, se diffuse rapidement dans toute l'Europe, et notamment dans le sud de la France, jusqu'en Italie à Rome, Voghera, Plaisance, Brescia et, bien entendu, Venise. Le 16 août lui est d'ailleurs consacré : à cette occasion, une statue du saint était portée en procession dans les rues de la ville. La fête est encore vive aujourd'hui. En plus d'une grande messe et de la procession, la *Scuola Grande di San Rocco* ouvre ses portes aux visiteurs, qui peuvent ainsi admirer les œuvres du Tintoret.

PROLOGUE, PAGE 16
Des noms et pseudonymes dans cet album

Iacomo, Giacomo, Jacopo, fils de Ser Battista Tintore, choisit comme nom d'artiste Iacomo Tentor, mais signe Jacomo Tentor ou encore Jacobus Tentor. l'Arétin l'appelle Iacopo Tintore ou, pour se moquer, Tintorello. En 1548, il devient officiellement « Iacomo Tentoretto Depentor », mais il préfère ne pas utiliser ce nom, trop grand pour ne pas inspirer la moquerie. Il continue à signer dans les actes, « maestro Jacomo » ou « Jachobus ». Partout en Italie, il était commun d'utiliser un pseudonyme pour différencier les personnes. Tout le monde n'avait pas un nom de famille, et les prénoms étaient ceux des saints, donc extrêmement courants. On pouvait donc y ajouter un surnom lié à une particularité physique ou un trait de caractère. On sait également que le Tintoret était appelé « Grain de poivre » en raison de sa petite taille.

> « Iacomo, Giacomo, Jacopo, fils de Ser Battista Tintore, choisit comme nom d'artiste Iacomo Tentor, mais signe Jacomo Tentor ou encore Jacobus Tentor. »

CHAPITRE 1, PAGE 19
De l'habitation du peintre

En 1537, à 18 ans, Jacopo décide de quitter ses parents. Avec une somme plutôt modeste de 20 ducats, il trouve une location près du pont de San Cassian, au sommet d'un immeuble où se trouve une échoppe. Dans toute la zone de Campo San Cassian, aux abords du Rialto, on trouve des marchés et des échoppes. On y vend du vin, on y loue des chambres, parfois même à la journée, on y propose à manger. Hormis les palais aristocratiques sur le Canal Grande, les habitations sont délabrées et les appartements à louer ne manquent pas. Dix ans plus tard, désormais célèbre, Jacopo déménage dans le quartier de San Marcialian, dans le sestiere de Cannaregio, un lieu bien plus respectable.

CHAPITRE 1, PAGE 21
Des marchands et de leurs activités

Dans le quartier populaire où vit Jacopo, plusieurs activités commerciales se distinguent. Une rue entière est dédiée à la production et à la vente de tonneaux en bois pour le stockage des provisions en tous genres. Ceux qui les produisent sont appelés « bottero », du terme médiéval « boterus ».

CHAPITRE 1, PAGE 21
Où l'on parle de taureaux et de corridas

Cela peut sembler étrange mais à Venise, jusqu'en 1802, une sorte de corrida est pratiquée : une passion qui remonte à l'Antiquité, puisque Suétone en parle déjà (auteur romain de nombreux ouvrages dont la *Vie des douze Césars* qui rassemble les biographies des empereurs de Jules César à Domitien). Traditionnellement, ces « chasses au taureau » étaient organisées par un riche promoteur en plein carnaval, dans une place de la cité. On n'utilisait pas de vrais taureaux, mais des bœufs, sélectionnés parmi les plus gros, à l'abattoir public. La sélection était l'œuvre des « tiradors », qui au cours de la chasse, retenaient l'animal avec des cordes attachées aux cornes. À la différence des corridas espagnoles, dans les « buthisie » vénitiennes, le bœuf devait affronter un ou plusieurs chiens de grosse taille qu'un « cavacani » haranguait. Les tiradors aidaient les bœufs à éviter les attaques. Le bœuf, en général, ne mourrait pas, et c'est encore plus vrai quand on sait que les tiradors versaient aux bouchers une caution qu'ils récupéraient s'ils revenaient avec le bœuf sain et sauf. Il arrivait cependant, lors d'occasions particulièrement solennelles, que le bœuf soit décapité, à l'aide d'une grande épée.

CHAPITRE 1, PAGE 22
De l'Arétin, le vrai

Il est né à Arezzo en 1492, fils d'un cordonnier et d'une nourrice. Lettré, poète et protecteur des artistes, il devient célèbre grâce aux *Sonnets luxurieux*, inspirés de plusieurs gravures érotiques de Giulio Romano. En 1527, il débarque à Venise après avoir fait étape à Mantoue à la cour des Gonzaga. Il y reste vingt-neuf ans, jusqu'à sa mort. Là, il se lie d'amitié avec des peintres, des architectes et des lettrés, dont le Titien et Jacopo Sansovino, avec qui il forme une sorte de triumvirat du pouvoir culturel vénitien.
Fort d'un conséquent réseau de

relations, il devient, on peut dire, un agent secret de l'état vénitien, et transmet au gouvernement toutes sortes d'indiscrétions. Un mot de lui pouvait sceller le sort d'un jeune peintre. Ses «Lettres», recueillies ensuite en volume, sont terriblement craintes. L'Arétin y critique ou vante les peintres de Venise, y compris Le Tintoret, qu'il a rencontré en janvier 1545. À cette occasion, l'Arétin lui commissionne deux planches, à thème mythologique : *Apollon et Marsyas* et *Argos et Mercure*. Mais en août de cette même année, les rapports se tendent entre les deux hommes, à tel point que l'Arétin ne parlera plus jamais du Tintoret.

CHAPITRE 1, PAGE 23
Des Grandes Écoles, pour savoir ce qu'elles ont été

Nées de l'esprit de renouvellement religieux du XIIIe siècle, les *Scuole Grandi* étaient des confréries qu'on définirait aujourd'hui comme des «organisations non gouvernementales de volontariat et philanthropie», dédiées à l'assistance et à la charité. Avec le temps, elles ont perdu leur caractère religieux et se sont transformées en centres de pouvoir appuyés par le Conseils des Dix, la plus haute autorité aristocratique de l'état vénitien. Les *Scuole* avaient un numerus clausus (en général, elles ne comptaient pas plus de 500 membres), et l'appartenance y était transmise au sein même de la famille. Chaque *Scuola* possédait son propre règlement, le «mariegola». Le «Guardian Grande», avec ses conseillers, formait l'organe de direction de l'école : la «Banca», renouvelée annuellement. En 1500 à Venise, de nombreuses Grandes Écoles étaient actives, et toutes se référaient à un saint différent : Saint Jean Évangéliste, Saint Théodore, Sainte Marie de la Charité, Saint Marc, Saint Roch… C'est à cette dernière que le Tintoret s'est associée en 1565.

> «En 1500 à Venise, de nombreuses Grandes Ecoles étaient actives, et toutes se référaient à un saint différent : Saint Jean Évangéliste, Saint Théodore, Scuola Grande des Carmines, Sainte Marie de la Charité, Saint Marc et Saint Roch.»

CHAPITRE 1, PAGE 23
Le Titien, *Présentation de Marie au Temple*

Le Titien réalise cette huile entre 1534 et 1538, pour la *Sala dell'Albergo della Scuola Grande* (la salle de réunions pour les membres prestigieux) de Sainte Marie de la Charité (siège actuel de la galerie de l'Académie de Venise). Le tableau se trouve aujourd'hui encore dans le lieu pour lequel le grand maître l'avait pensé.
Le Tintoret réalise sa *Présentation de Marie au Temple* pour l'église de la Madonna dell'Orto entre 1552 et 1556 : il est fort probable qu'il ait vu et étudié avec attention l'œuvre du Titien. Il y reprend d'ailleurs quelques solutions, comme la fillette dans l'escalier.

CHAPITRE 1, PAGE 24
Des toponymes vrais et faux

Il n'existe aucune «cour des secrets» à Venise, mais il existe des dizaines et des dizaines de ruelles, de cours, de petites places et des ponts aux drôles de noms qui en disent long sur le passé de la ville et des habitudes de ses habitants. Le **pont del Rimedio**, ou **Remedio**, dans le quartier San Marco, s'appelle ainsi parce qu'on vendait tout près le vin Malvasia, considéré comme un remède pour le corps et l'esprit. Le **pont des Penini** ; sur lequel on pouvait goûter les *penini*, des pieds de porc, d'agneau ou de veau bouillis. La **cour** et la **rue del Scaleter** doivent leur nom à la douce *scaleta*, un pain typique avec sucre et beurre qui ressemblait à de petites marches. Le **pont des lustraferi**, dans le cœur du quartier de Cannaregio, s'appelle ainsi de par la présence des artisans qui travaillaient les éléments en fer des gondoles. Sur le **pont des Bareteri** (en dialecte, «baréte» signifie casquette), il y avait de nombreuses boutiques où l'on confectionnait les chapeaux.
Certains toponymes servaient aussi à signaler une zone dangereuse ou à éviter. C'est le cas du **pont des Squartai**, près de l'église des Tolentini, sur lequel étaient exposés les membres coupés des coupables des plus graves crimes (vols sacrilèges, trahison à la patrie). Le cas également de la **rue des Assassini**, un lieu où se déroulaient de nombreux crimes, vols et autres délits.

CHAPITRE 1, PAGE 25
Du grand Michel-Ange

Sculpteur, peintre, architecte, homme de lettre, Michelangelo Buonarroti est né en 1475, à Caprese, dans la province d'Arezzo, dans une famille de petite noblesse. Il fréquente l'atelier de Domenico Ghirlandaio, avec qui il ne s'entendra cependant jamais.
En 1489, il déménage à Florence pour fréquenter Le *Giardino di casa dei Medici* (jardin de la maison de Médicis) et étudier de près l'art de la statue classique gréco-romaine. À cette époque, il se rapproche du néoplatonisme, qui influencera son approche artistique. Actif entre Rome et Florence, Michel-Ange influence fortement ses contemporains.

Il meurt en 1564, dans sa Rome bien-aimée, où il laisse des chefs d'œuvre intemporels : la *Pietà* (1495), le *David* (1501), le *Tondo Doni* (1503-1504), *Le jugement universel* (1541).

CHAPITRE 1, PAGE 25
De la rivalité entre Venise et Rome

Dans l'Italie des cours, les aristocrates et les pontificaux se disputaient les plus prestigieux artistes. Dans la première moitié du XVIe siècle, plusieurs artistes de l'école romaine se sont installés dans la lagune : **Pordenone**, **Francesco Salviati**, **Carlo Porta**… **Giorgio Vasari** est arrivé en 1541, en plein hiver, sur invitation de l'Arétin, pour s'occuper des scénographies de la comédie *La Talanta*.
Vasari a avec lui plusieurs dessins précieux de **Michel-Ange**, dont la plupart seront offerts à son éditeur Francesco Marcolini. Il est fort probable que le Tintoret, très souvent invité chez Marcolini, ait pu admirer ces mêmes dessins. Le plus grand dynamisme des personnages et les perspectives osées, typiques de la peinture « romaine », ont influencé tous les peintres vénitiens, y compris le grand Titien et bien sûr, le Tintoret.

CHAPITRE 1, PAGE 27
Vasari aussi fut très grand

Giorgio Vasari est né à Arezzo en 1511. Peintre, architecte et homme de lettre, il a écrit *Les vies des meilleurs peintres, sculpteurs et architectes* (1550), une œuvre qui l'a rendu universellement connu. Il se forme à Arezzo, avec Rosso Fiorentino, et à Florence, avec Andrea del Sarto. Il rencontre Michel-Ange et fréquente la cour des Médicis. Après un séjour à Venise, en 1541, il poursuit son voyage vers Rome, où il entre dans le cercle du cardinal Alessandro Farnese, s'assurant ainsi quelques missions, comme la décoration en 1546 du Palais de la chancellerie.

> «Vasari a également écrit sur le Tintoret, le définissant ainsi : "Extravagant, capricieux, vif et résolu, et le plus terrible cerveau que j'ai connu dans le monde de la peinture".»

Dix ans plus tard environ, il retourne à Florence, à la cour de Cosimo 1er, pour devenir un des pivots des arts de la ville.Vasari a également écrit sur le Tintoret, le définissant ainsi : « Extravagant, capricieux, vif et résolu, et le plus terrible cerveau que j'ai connu dans le monde de la peinture ».Notre Jacopo, comme toujours, ne tient pas compte de son avis, et poursuit sa route.

CHAPITRE 1, PAGE 29
Dans lequel on y trouve des détails sur ce que fut Vettor Pisani.

Vettor Pisani appartient à une famille vénitienne très importante, et sait comment affirmer son rang, à travers l'art. De cette façon, il confie à **Andrea Palladio**, architecte renommé, la réalisation d'une villa de campagne. Pour sa demeure citadine, à San Paternian, il souhaite une réplique des vues incroyables des scénographies réalisées par Vasari pour la comédie de l'Arétin. On ne sait pas exactement qui l'a présenté à Pisani, mais le fait est que le Tintoret accepte de décorer le plafond en bois de sa maison de ville, et se contente d'une somme équivalant au coût de son matériel. Le thème, choisi en collaboration avec son commanditaire, sont *Les métamorphoses* d'**Ovide**. Le Tintoret réalise alors seize panneaux octogonaux. Il joue avec la perspective et la plasticité des corps. Ses effets visuels spectaculaires, impressionnent, dit-on, les hôtes de la maison Pisani. Aujourd'hui, les panneaux ne sont plus que quatorze. Ils sont exposés à la *Galleria Estense* de Modène.

CHAPITRE 1, PAGE 30
Où l'on trouve quelques informations sur Marco Foscari

Père de Paolina Foscari, épouse de Vettor Pisani, Marco Foscari naît à Venise durant l'été 1477. Homme de vaste culture, il est une figure influente de la politique vénitienne, et un parent du doge Andrea Gritti. Entre 1532 et 1538, une période importante de sa vie, il est **Ambassadeur de la République** : à Rome tout d'abord durant l'élection au pontificat de Jean de Médicis ; à Florence, pendant la crise des Médicis ; et enfin à Naples à l'occasion de la visite de Charles Quint, empereur du Saint-Empire romain.
En 1536, il participe à la réforme juridique et constitutionnelle de la République, expression de la stratégie politique du Doge. À la mort de Gritti, Foscari fait l'objet d'ostracisme. Il se retrouve alors éloigné de la vie politique vénitienne, et ceci jusqu'à sa nomination comme **Sage du Conseil** (1542).

CHAPITRE 1, PAGE 30
De la scénographie de la *Talanta*

Le soir du 21 février 1542, un mardi gras, dans un élégant palais de Cannaregio, se réunit toute la noblesse vénitienne pour assister à la comédie de Pierre l'Arétin, *La Talanta*. Une pièce classique où tout est tromperie, travestissement, commandée à l'Arétin par la **Compagnie vénitienne des Sempiterni**, une des plus importante de la ville. La scénographie est confiée à Giorgio Vasari, qui décore le plafond avec quatre grandes toiles représentant la nuit, l'aurore, le jour et le soir, et vingt-quatre cercles, pour toutes les heures de la journée. L'Arétin, concitoyen de Vasari, se charge du programme iconographique. Tous les tableaux sont réalisés en trois mois, grâce à l'aide de deux assistants. Le thème mythologique, la dimension des œuvres, les points de vue impressionnent les vénitiens et font de Vasari l'artiste du moment. Grâce à cela, on lui commande des œuvres pour l'église du Saint-Esprit et la décoration du Palais *Corner-Spinelli*.

CHAPITRE 1, PAGE 32
Où, malheureusement, on parle de guerre

La première moitié du XVIe siècle est une période complexe pour la République de Venise. Entre 1494 et 1559, la péninsule est le théâtre de la Guerre d'Italie, qui voit s'affronter les Français, les Espagnols et l'état pontifical (appuyé par les duchés et royaumes italiens). À la même période, l'Empire ottoman étend ses territoires. Après avoir conquis la Syrie, l'Égypte, la Serbie, Rhodes et la Mésopotamie, les Turcs regardent vers l'ouest et les possessions vénitiennes. En 1535, **Charles Quint** met sur pied une ligue pour lutter contre le royaume créé à Tunis par **Khair-ad-Din Barberousse**, un pirate vassal des Ottomans. Deux ans plus tard, les Turcs menacent de bloquer le canal d'Otrante et les navires du pirate attaquent Corfou, appartenant à Venise. La République n'a pas d'autres choix que de s'unir à la ligue chrétienne conduite par **Andrea Doria**.
Les Vénitiens y connaîtront une défaite cuisante : en raison d'une mer particulièrement calme, un galion vénitien isolé est attaqué par les Ottomans sur les eaux de l'Épire. De nuit, c'est pire encore : trois navires vénitiens coulent à pic. La République bat en retraite et, en **1540**, elle signe un traité de paix avec l'Empire ottoman. Grâce à cela, elle gagne trente ans de tranquillité, ce qui lui permet de se dédier à ce qui fait sa grandeur : le commerce.

CHAPITRE 1, PAGE 33
Où l'on fait toute la lumière sur la liaison entre le Titien et l'Arétin

Il n'existe aucune preuve que l'Arétin était « l'agent secret » du Titien. C'est une liberté que nous avons prise à partir de ce que nous savons sur la relation entre les deux hommes. L'Arétin, qui durant sa jeunesse a étudié la peinture à Pérouse, et qui se considère comme un peintre raté, est foudroyé par le génie du maître vénitien. Les deux hommes se lient d'amitié, comme le témoignent quarante-quatre lettres qu'ils s'échangent au fil des ans. **En 1545, le Titien réalise un portrait de son ami**, dans lequel il saisit les traits profonds de son caractère : l'Arétin est vêtu de rouge flamboyant, sa silhouette remplit toute la toile et son regard restitue à la fois l'intelligence et la ruse. L'Arétin qui espérait un portrait plus édifiant pour s'assurer les bonnes grâces de Cosimo de Médicis et obtenir un poste à la cour, est très déçu. Souvent, il reprochera au Titien de l'avoir représenté trop fidèlement. Quatre ans plus tard, le Titien, de retour après une longue absence dans la lagune, se dispute avec l'Arétin, pour une affaire de commission. Néanmoins, ils finissent par se réconcilier, et ceci, jusqu'à la fin de leurs jours.

CHAPITRE 1, PAGE 35
Le Tintoret n'est plus un enfant

Nous ne savons pas où Jacopo a poursuivi son apprentissage après avoir été chassé de l'atelier du Titien. Nous savons en revanche qu'autour de 1537, à presque dix-huit ans, il est accepté comme maître dans la **Fraglia dei Pittori** (la corporation des peintres), l'ordre auquel il fallait être inscrit pour exercer cette profession à Venise. Pour entrer dans la corporation, Jacopo doit réussir un test et jurer obéissance aux **Registre des Arts**. C'est à cette période qu'il abandonne la maison paternelle et déménage à San Cassian. Carlo Ridolfi, le premier biographe du Tintoret, nous raconte qu'au début de sa carrière, notre homme peint des « figurines grotesques, des animaux et autres fantaisies » dans les habitations vénitiennes, accompagné par des peintres de rue qui se chargent de décorer les meubles et les « banche », autrement dit les coffres, et les armoires.

> « Autour de 1537, à presque dix-huit ans, il est accepté comme maître dans la Fraglia dei Pittori (la corporation des peintres), l'ordre auquel il fallait être inscrit pour exercer cette profession à Venise. »

CHAPITRE 2, PAGE 39
Le Tintoret, *Le Miracle de Saint Marc*

Selon la légende du miracle de Saint Marc, un esclave de Provence, malgré l'interdiction de son maître, se rendit au pèlerinage à Venise, pour vénérer les saintes reliques. À son retour, son maître voulut le punir, en vain : toutes ses tentatives de torture furent des échecs. Dans cette œuvre, le Tintoret exprime pour la première fois toute sa personnalité : la vue plongeante du saint qui plane, montrant ses pieds aux visiteurs, l'esclave pratiquement nu au centre, les personnages qui expriment leurs émotions avec une extraordinaire intensité. Ce n'est pas étonnant, face à une telle révolution iconographique et expressive, qu'on lui refuse l'œuvre dans un premier temps. Ils finiront par l'exposer dans la salle capitulaire, le premier avril 1548.

> « Il y avait aussi les Petites Écoles (ou Mineures) auxquelles pouvaient s'associer, en versant une redevance annuelle, les citoyens de classe moyenne et les artisans, hommes et femmes, à partir de quinze ans. »

CHAPITRE 2, PAGE 46
Dans lequel on précise qu'il y eut aussi des *Scuole Minori*

Il n'y avait pas, loin de là, que les *Scuole Grande*. Il y avait aussi les Petites Écoles (ou Mineures) auxquelles pouvaient s'associer, en versant une redevance annuelle, les citoyens de classe moyenne et les artisans, hommes et femmes, à partir de quinze ans. Elles étaient nombreuses. Presque tous les quartiers en possédait une, et très souvent, elles se distinguaient par la catégorie professionnelle. *La Scuola delle Sardine Solitarie*, l'école des sardines solitaires, n'a jamais existé à Venise. C'est une petite liberté que nous avons prise dans cet album. Nous savons cependant, de source sûre, que le Tintoret a travaillé pour plusieurs d'entre elles, qui l'ont généralement rétribué en nature. Pour la **Scuola del Santissimo Sacramento di San Marcuola**, l'école du saint sacrement de San Marcuola, liée aux tisseurs, il réalise une Cène où les apôtres sont représentés en ouvriers éreintés après une dure journée de labeur.

CHAPITRE 2, PAGE 46
Torcello, île de la lagune

En vaporetto, du centre de Venise, il ne faut guère plus d'une cinquantaine de minutes pour rejoindre l'île de Torcello. Habitée depuis l'époque romaine, grâce à sa position avancée sur la mer Adriatique, elle devient vite un centre commercial florissant. Après l'an mille, plus de vingt-mille habitants y vivent. Aujourd'hui, Torcello ne compte qu'une dizaine de résidents, mais l'île attire de nombreux visiteurs, grâce à son air « hors du temps », et à ses magnifiques églises : **la basilique de Santa Maria Assunta**, et **l'église de Santa Fosca**, l'une et l'autre datant de l'époque byzantine.

CHAPITRE 2, PAGE 47
Où l'on parle du saint qui soignait la peste

Peu de traces historiques de Saint Roch ont traversé le temps. Nous savons juste qu'il est né en 1295 dans une famille noble de **Montpellier**. Il décide d'abandonner le confort de sa condition pour mener une vie pauvre. Il arrive à Rome en pèlerin où il est reçu par le pape Urbain V. Il guérit un cardinal de la peste en lui faisant le signe de croix sur le front. Après trois années, il décide de rentrer en France mais il attrape à son tour la peste. Un chien et son maître, un certain Gottardo, prennent soin de lui jusqu'à sa guérison. Poussé par un ange, il reprend son chemin. Mais une fois arrivé, il n'est pas reconnu. On le met en prison, mais il décide de ne pas demander d'aide à sa famille. Il meurt au bout de cinq ans de détention, en 1327.

CHAPITRE 2, PAGE 51
Où l'on apprend des choses sur la Bibliothèque marcienne

L'histoire de la Bibliothèque marcienne débute en 1362, grâce à une donation prestigieuse : celle de Pétrarque. Cent ans plus tard, Bessarion, un cardinal grec, offre sa collection privée. En 1537, **Iacopo Sansovino** est appelé à construire le siège d'une bibliothèque pouvant contenir ces bijoux. Le lieu pressenti est la place Saint Marc, d'où le nom « marcienne ». Les travaux se terminent après la mort du célèbre architecte (1570), sous la direction de Vincenzo Scamozi.
En **1556**, le Tintoret caresse l'idée de pouvoir réaliser une œuvre pour ce lieu magnifique. Un concours est lancé pour les fresques du plafond de la salle de lecture. Jacopo, pensant être assez intime avec Sansovino, nourrit l'espoir de l'emporter. Il est au contraire exclus dès le départ, et c'est **Paolo Veronese** qui se voit confier le projet. L'artiste est arrivé en ville seulement trois ans auparavant, mais le Titien a déclaré qu'il était son héritier artistique.

CHAPITRE 2, PAGE 51
Où nous parlons de Sansovino

Iacopo Tatti naît à Florence en 1486. Il est l'élève d'Andrea Contucci, un sculpteur originaire de Monte San Savino. Héritage de son maître, Iacopo porte le nom du lieu « il Sansovino ». En 1505, il suit Contucci à Rome où il entre en contact avec l'œuvre de Bramante et Raphaël. En 1527, il fuit Rome, mise à sac par les lansquenets, et se réfugie à Venise. Il y est nommé « proto » par le doge Andrea Gritti, c'est-à-dire architecte en chef des Procuraties. Grâce à cela, Sansovino s'occupe des très nombreuses œuvres publiques, comme la restauration de la coupole de Saint Marc et l'entière réorganisation de la place Saint Marc, de l'Escalier d'or et du Palais des Doges. Il travaille également sur les splendides palais privés, des Corner notamment. **L'Arétin et Sansovino** s'étaient déjà rencontrés à Rome. À Venise, avec le Titien, ils forment une solide alliance. Le Tintoret essaie par tous les moyens de gagner les faveurs de Sansovino : il insère ses œuvres dans ses propres tableaux, et fait plusieurs portraits de lui, dont un de 1546 où il signe « Tintoretto » (le Tintoret), un surnom qu'il n'employait qu'avec les amis. Comme l'Arétin auparavant, Sansovino préfère interrompre tout rapport avec le jeune peintre, pour ne pas heurter le Titien.

CHAPITRE 3, PAGE 59
Le Tintoret, *Présentation de Marie au Temple*

En 1548, le Tintoret est un peintre affirmé. Il déménage dans une demeure plus grande près de l'église de la Madonna dell'Orto. À ce titre, il en devient aussitôt le « dependor ». La congrégation des chanoines réguliers de Saint Georges à Alga qui gérait le monastère de l'église lui commande la décoration des structures de l'orgue. On lui promet du vin, de la farine et 5 écus d'or.

La même année, Jacopo achève *Le Miracle de l'esclave*. Le succès de l'œuvre est tel que la commande de la Madonna dell'Orto passe inévitablement au second plan. En 1551, les moines lui proposent un nouveau contrat, montant la compensation à 30 ducats, soit six fois plus que trois années plus tôt. Le sujet est précisément défini (« une présentation de femme, à l'extérieur, et deux figures à l'intérieur »), mais le Tintoret repousse encore les délais. Finalement, l'œuvre est achevée cinq ans plus tard, le 14 mai 1556.

« À cette même période, il s'est épris d'une femme allemande, dont on ne connaît pas le nom, et qui, en 1554, lui donne une fille, Marietta. »

Comment expliquer ce retard de la part d'un artiste que nous savons être rapide dans l'exécution ? Peut-être simplement parce qu'à cette même période, il s'est épris d'une femme allemande, dont on ne connaît pas le nom, et qui, en 1554, lui donne une fille, Marietta. Le Tintoret donne son nom à Marietta qui resta à jamais sa préférée.

Dans la *Présentation de Marie au Temple*, nous trouvons au centre de la scène, dans une position surélevée, une fillette courageuse qui se présente seule devant les sacerdotes… Et si c'était le portrait de la petite Marietta ?

CHAPITRE 3, PAGE 65
Quelques informations sur Faustina Episcopi et sa famille

Âgé désormais de quarante ans, le Tintoret abandonne son personnage de rebelle et s'adapte,tout du moins il essaie, aux règles de la société vénitienne. Il épouse Faustina Episcopi en 1559 ou 1560. Il n'y a pas d'acte officiel, car à l'époque, le mariage était un fait privé qui ne se célébrait pas à l'église, et encore moins à la mairie. Les époux, en vérité, s'accordaient en unissant les affaires de famille. Faustina avait juste quinze ans, mais malgré son jeune âge, elle démontre un caractère pratique et résolu. Elle gère toutes les affaires, y compris économiques, de la famille. Avec le Tintoret, elle a cinq enfants, quatre garçons et une fille, entre novembre 1560 et 1571.
Le grand-père paternel de Faustina, Ser Piero Defendente, était un vendeur d'épices commerçant également les herbes aromatiques et les remèdes pharmaceutiques. Sur l'enseigne de sa boutique, était représentée une licorne. Cela n'a rien d'insolite : sur toutes les enseignes des vendeurs d'épices, il y avait un animal, réel ou mythologique, une sorte de marque indicative, qui aide les clients à individualiser les échoppes et à s'en rappeler. Defendente était membre de *la Scuola Grande di San Marco*. Avec le temps, il avait même réussi à avoir une certaine position de pouvoir. Mais sa fortune ne dura pas éternellement : en difficulté économique, le grand-père de Faustina détourna de l'agent de *la Scuola*. Il fut identifié, mis en prison, et s'endetta plus encore. Le père de Faustina, Marco, consacra toute sa vie à laver l'honneur de la famille : il changea son nom en Episcopi, trouva un emploi dans la magistrature vénitienne, et finit par obtenir le titre de « citoyen » pour tous les membres de sa famille. Pour le Tintoret, épouser Faustina était une façon de s'élever socialement, et d'intégrer l'environnement politique de la ville où étaient prises les décisions. Son activité de peintre en dépendait.

CHAPITRE 3, PAGE 66
De la poudre de momie et de ses mérites

La poudre de momie était le résultat du broyage des momies égyptiennes transportées jusqu'en Occident, et ce depuis les premières croisades. Elle était utilisée comme une substance médicamenteuse que l'on devait aspirer ou avaler. En peinture, elle était employée pour réaliser les tons les plus foncés et les ombres.

Le Tintoret était un grand amateur de la poudre de momie. Il était même prêt à la payer plus cher que le Lapis-lazuli, pensant que la poudre avait le pouvoir de rendre ses œuvres et son nom immortels.

CHAPITRE 3, PAGE 67
Des filtres magiques et autres remèdes de l'époque

Le terme «thériaque» vient du grec «theriakė», «remède contre les morsures d'animaux venimeux». On faisait ainsi référence à un médicament antique inventé, paraît-il, par Andromaque l'Ancien, médecin de Néron. La recette de la thériaque dérive de celle d'un antidote que Mithridate IV du Pont, qui craignait d'être empoisonné, se faisait préparer par son médecin crétois. Les ingrédients étaient nombreux, entre 54 et 61 : encens, myrrhe, opium, poivre noir, anis, cannelle, gentiane, fenouil. L'ingrédient fondamental en était la chair de vipère : selon le principe d'Hippocrate de la *similia similibus*, une maladie était soignée en administrant de petites doses de ce que l'on considérait comme la cause du mal. Venise avait quasiment le monopole de sa production. Avant de procéder à la préparation de la thériaque, les ingrédients étaient «exposés» au public pendant trois jours, comme preuve de leur conformité, et le mélange final ne se faisait pas sans la présence du proto-médecin et de quelque autorité de la Sérénissime. La Thériaque était utilisée pour soigner les coliques, la fièvre, les migraines, mais aussi pour atténuer les humeurs colériques et redonner un peu de vigueur au corps. Pour l'ingérer, on pouvait la diluer dans le vin, le miel ou dans l'eau. On pouvait aussi l'avaler enroulée dans une feuille d'or.

> «L'ingrédient fondamental en était la chair de vipère : selon le principe d'Hippocrate de la *similia similibus*, une maladie était soignée en administrant de petites doses de ce qu'on considérait comme la cause du mal.»

CHAPITRE 3, PAGE 78
Le Tintoret, *Saint Roch en gloire*

Au printemps 1564, les frères de *la Scuola di San Rocco* décident de terminer la décoration de la Salle de l'auberge, qu'ils avaient commandée au Tintoret dix ans auparavant, mais que l'artiste n'avait jamais honorée. Il manque, en particulier, une peinture pour l'ovale au centre du plafond. Ont participé à l'appel d'offre Paolo Veronese, Giuseppe Salviati, Federico Zuccari et le Tintoret, à qui on a demandé de présenter une **esquisse** sur le thème de Saint Roch en Gloire. Le jour de la présentation, cependant, les peintres ont une drôle de surprise. Le Tintoret avait réussi à connaître à l'avance les dimensions de l'ovale ; non seulement il avait fait son œuvre, mais il l'avait en plus fixée au plafond. Le Tintoret refuse qu'on le rétribue et fait don de sa peinture à Saint Roch. Les frères de la congrégation ne peuvent refuser une telle offre. Le tableau, de l'huile sur toile de grande dimension, représente l'apothéose de Saint Roch, en pied. On note avant tout la contre-plongée hardie et l'utilisation de couleurs intenses.

CHAPITRE 3, PAGE 80
Le Tintoret, *La Crucifixion*

Le Tintoret devient un membre de *la Scuola Grande di San Rocco*. Il s'assure ainsi une pension et la commande d'une nouvelle œuvre : *La Crucifixion*. Destinée au mur du fond de la Salle de l'auberge, c'est l'une des rares œuvres signées «Tentorectus», preuve d'orgueil de notre personnage qui en était particulièrement fier. C'est une fresque importante, avec des centaines de personnages, de multiples actions, et bien sûr, Jésus crucifié au centre. L'œuvre, puissante et sombre, permit au Tintoret d'être célèbre dans toute l'Europe.

CHAPITRE 3, PAGE 81
Un quartier très cool…

Le quartier de Cannaregio était au XVIe siècle le quartier préféré des peintres à succès. Le Tintoret y a déménagé en 1547 quand sa carrière prend de l'ampleur.
Ses voisins illustres étaient le Titien qui avait une maison et un atelier à Biri di San Cacian, Bonifacio de' Pitati à Sant'Alvise, et Paris Bordon à San Marcialan.

CHAPITRE 4, PAGE 85
Où la terrible maladie fait son apparition

Entre 1575 et 1576, près de quarante mille vénitiens ont perdu la vie à cause de la peste, un mal terrible, mais assez courant, dont on ignorait la nature. La cause de la peste était attribué, souvent, à la décomposition des matières organiques, aux eaux stagnantes, à la nourriture mal conservée. Selon toute vraisemblance, la peste qui a frappé Venise, avait pour origine le Trentin où elle faisait des ravages depuis mars 1574. On parlait même d'un couple d'amants qui débarqua à Venise en juin 1575. C'était une hypothèse parmi d'autres : on parlait aussi de Constantinople, où une épidémie avait cours. Les autorités vénitiennes ont réagi très vite et pris des mesures pour endiguer la contagion : le commerce ne s'est pas arrêté et les ambassadeurs vénitiens ont continué à clamer haut et fort que la situation était sous contrôle.

> « La peste pouvait avoir comme origine Constantinople, où une épidémie avait cours. Le terme « Lazzaretto » vient de l'île où a été érigée une église dédiée à Sainte Marie de Nazareth. »

À Venise, les pestiférés étaient internés, avec leur famille, sur deux îles de la lagune. Le Lazzaretto Vecchio, fondé en 1423, et le Lazzaretto Nuovo, en activité depuis 1471. Le terme « Lazzaretto » vient de l'île où a été érigée une église dédiée à Sainte Marie de Nazareth.

CHAPITRE 4, PAGE 89

Le Tintoret, *Saint Roch guérissant les pestiférés*

En 1549, *la Scuola di San Rocco* commande au jeune Tintoret une toile qui prendra ensuite le nom de *Saint Roch guérissant les pestiférés* pour l'église de Saint Roch. Le Tintoret réalise un « nocturne » qui cependant ne reçoit aucune louange de ses contemporains. Un échec d'autant plus retentissant pour le Tintoret que quelques années plus tard, le Titien réalise à son tour un nocturne, *Le martyre de Saint Laurent*. L'œuvre est un énorme succès.

CHAPITRE 4, PAGE 98

Où l'on fait toute la lumière sur un doge hautement dénigré

Alvise 1er Mocenigo est doge de la République de Venise entre mai 1570 et 1577, année de sa mort. Rejeton d'une grande et noble famille vénitienne, il entreprend une carrière politique. Il est ambassadeur auprès de l'empereur Charles Quint, puis à la cour papale à Rome. Les années de son dogat ne sont pas simples : la chute de Chypre, en août 1570, suivie par la victoire à Lépante de la Sainte Ligue anti-turque, la signature de l'onéreuse paix avec Constantinople, l'incendie du Palais des Doges en mai 1574 et, l'année suivante, la peste. Mocenigo, immortalisé par le Tintoret, le portraitiste officiel des doges, n'est pas particulièrement apprécié des nobles et des roturiers.

CHAPITRE 4, PAGE 103

Mais l'empereur de quoi ?

Charles d'Habsbourg est le fils de l'archiduc d'Autriche Philippe le Beau et de Jeanne la Folle, fille de Ferdinand d'Aragon et d'Isabelle de Castille. À seulement six ans, il hérite de possessions aux Pays-Bas, en Aragon et en Castille, dans le Royaume de Sicile, en Sardaigne, Autriche et Bohême. On disait que le soleil ne se couchait jamais sur son empire, grâce aux colonies américaines à l'autre bout du monde. Son grand ennemi est François 1er, roi de France, à qui il parvient à arracher, en 1519, le titre d'empereur du Saint Empire romain germanique grâce à l'appui des banquiers allemands. En 1533, le Titien devient le portraitiste officiel de Charles Quint. Il séjourne très souvent à la cour à Augusta. Il y réalise plusieurs portraits qui restituent les affaires humaines et politiques de l'empereur.

ÉPILOGUE, PAGE 112

Où l'on parle de la bande des japonais

En février 1582, une délégation de quatre jeunes catholiques japonais débarque de Nagasaki avec pour objectif de rejoindre Rome et rencontrer le pape, Grégoire XIII : Mancio Ito, prince du Kyushu, Michele Chijiwa, Hara Martino et Julião Nakaura, sanctifié en 2008. Ils sont en mission pour le compte du père Jésuite Alessandro Valignano. Après avoir atteint Rome en mars 1585 et avoir rencontré le pape, la délégation prend la route du retour et passe par Venise.
Les autorités de la République reçoivent les visiteurs avec grand honneur et pour commémorer leur venue, on commande le portrait des quatre jeunes orientaux. Il n'en reste plus qu'un aujourd'hui, celui du prince Ito. L'auteur du portrait n'est autre que Domenico Tintoretto, fils du Tintoret.

www.editionspaquet.com

Titolo originale dell'edizione italiana (2019) : *Tintoretto. Un Ribelle a Venezia* di
Alberto Bonanni, Gianmarco Veronesi e Matteo Bellisario. ISBN 978-88-98177-58-5.

L'edizione italiana è stata realizzata grazie a Sky Arte Italia, in occasione del lancio
del documentario *Tintoretto. Un Ribelle a Venezia* scritto da Melania Mazzucco
per la regia di Giuseppe D. Romano e prodotto da Sky Italia S.r.l.

Trdauit de l'italien par Roma Paris London · 1re édition · PAO : StoneBundle.ch ·
ISBN : 978-2-88932-563-4 · Dépôt légal : janvier 2022 · Imprimé en Italie par Grafiche AZ